四訂 道徳教育を学ぶ人のために

小寺正一／藤永芳純［編］

世界思想社

まえがき

　この20年ほどの道徳教育を取り巻く状況を，この間の教育目標として提示されている「生きる力」育成の視点と，いじめ問題を直接の契機とした「道徳科」の設置をめぐる経緯の概略から振り返っておきたい。

　平成8(1996)年7月19日，中央教育審議会は，「21世紀を展望した我が国の教育の在り方について（第一次答申）」と題する答申を出した。そこでは，変化の激しいこれからの社会において，次代の子どもたちに必要となるのは「生きる力」であるとの指摘がなされている。

　　我々はこれからの子供たちに必要となるのは，いかに社会が変化しようと，自分で課題を見つけ，自ら学び，自ら考え，主体的に判断し，行動し，よりよく問題を解決する資質や能力であり，また，自らを律しつつ，他人とともに協調し，他人を思いやる心や感動する心など，豊かな人間性であると考えた。たくましく生きるための健康や体力が不可欠であることは言うまでもない。我々は，こうした資質や能力を，変化の激しいこれからの社会を〔生きる力〕と称することとし，これらをバランスよくはぐくんでいくことが重要であると考えた。　（9頁）

　こうした教育の方向性の発想は，「新しい学力観」の考え方を引き継ぎ，展開したものである。また，「よさや可能性を生かす教育」

という個性重視の教育の方向性は,「自分さがしの旅」という言葉で示されている。

> また,教育は,子供たちの「自分さがしの旅」を扶ける営みとも言える。教育において一人一人の個性をかけがえのないものとして尊重し,その伸長を図ることの重要性はこれまでも強調されてきたことであるが,今後,〔生きる力〕をはぐくんでいくためにも,こうした個性尊重の考え方は,一層推し進めていかなければならない。
> (10頁)

子どもたちが「生きる力」を獲得し,「自分さがしの旅」をすることに対して,私たちはどのような援助ができるのかということが,今日の教育の差し迫った課題であるという提言である。そして,そのためには「ゆとり」が必要であるとしている。

注目すべきは,ここでキーワードとしてあげられた「生きる力」の意味が,すでに道徳教育の領域では,これまで目標として考えられてきたことにほかならないということである。主体的に考え,判断し,行為し,責任をとることができる自律的な人間,すなわち自己を確立し,他者と共感し,他者の人権を尊重し,自然や人間を超えたものに畏敬の念をもち,一人の意味ある構成員として社会に積極的に関わっていく,そのような豊かな人間性をそなえた人間の育成こそが道徳教育の目標であったし,今後もありつづけるであろう。そして,「ゆとり」はそのために必要な条件であると考えられるが,さらに,豊かな人間性を獲得した人間にして初めて,本当に「ゆとり」ある人間ということができよう。

平成10(1998)年6月30日に出された中央教育審議会答申は,「新しい時代を拓く心を育てるために――次世代を育てる心を失う危機」と題されている。これは,続発する青少年の問題行動に対し,教育のあり方が根本から問われていることを明白に示すものである。

私たちはここで，道徳教育の重要性をあらためて確認し，より確かな信念をもって道徳教育を進めていかなくてはならない。その場合の主役はやはり学校における道徳教育である。

　平成18(2006)年12月22日に「教育基本法」が改正公布され，平成20(2008)年1月17日に「幼稚園，小学校，中学校，高等学校及び特別支援学校の学習指導要領等の改善について」(中央教育審議会答申)が出された。こうした経緯を経て，平成20年3月28日に『学習指導要領』(小学校・中学校)が告示された。時代状況，社会状況の変化に対応しての措置である。「生きる力」という目標理念に変更はなく，その徹底周知を図るための改善と謳われている。

　道徳教育の課題を「中教審答申」は次のように指摘している。

　　今日，社会規範自体が大きく揺らぐといった社会の大きな変化や家庭や地域の教育力の低下，親や教師以外の地域の大人や異年齢の子どもたちとの交流の場や自然体験等の体験活動の減少などを背景として，生命尊重の心や自尊感情が乏しいこと，基本的な生活習慣の確立が不十分，規範意識の低下，人間関係を築く力や集団活動を通した社会性の育成が不十分などといった指摘がなされている。

　　また，小・中学校の道徳の時間については，指導が形式化している，学年の段階が上がるにつれて子どもたちの受け止めがよくないとの指摘がなされており，何よりも実効性が上がるよう改善を行うことが重要である。　　　　　(58-59頁)

　この答申を踏まえた『学習指導要領』では，示された課題に対して，次のような方策が示された。すなわち，指導の重点化の指示，内容項目の追加と整備，「要(かなめ)」としての道徳の時間の強調，道徳教育推進教師の設置，体験活動の充実の指示，教材の充実の指示，指導方法の改善の指示，情報モラル・法教育への考慮・配慮の指示，

等である。

　平成27(2015)年3月27日,『学習指導要領』(小学校・中学校)が一部改訂され,「特別の教科　道徳」が誕生した。既存の他教科とはコンセプトが異なるとして「特別の教科」と名づけられているが,検定教科書が配布され,指導要録に評価が記載されること等からすると,「道徳の教科化」の実現であるといえよう。

　教科としての道徳の設置は戦後すぐの時代から構想としては存在していたが,歴史的経緯から実現への道は遠かったといえよう。今回の教科化実現への直接的・具体的な動きとしては,第一次安倍内閣での教育再生会議の提言(「第二次報告」平成19(2007)年6月1日)があった。だが,このときは文部科学省・中央教育審議会が慎重な対応をとり,教科化には至らなかった。

　第二次安倍内閣が成立し(平成24(2012)年12月26日),教育再生実行会議はいじめの問題を重要視し,「いじめの問題等への対応について(第一次提言)」(平成25(2013)年2月26日)を提言し,この中で道徳の教科化が再度いわれた。

　　　心と体の調和の取れた人間の育成に社会全体で取り組む。道徳を新たな枠組みによって教科化し,人間性に深く迫る教育を行う。

文部科学省の動きは迅速であった。主な経緯を示すと以下のとおりである。一貫して,道徳の教科化が肯定的に前提されている。

　平成25年3月26日「道徳教育の充実に関する懇談会(設置)」
　同年12月26日「今後の道徳教育の改善・充実方策について(報告)」
〈中央教育審議会の動き〉
　平成26年2月17日「道徳に係る教育課程の改善等について(諮問)」
　同年10月21日「道徳に係る教育課程の改善等について(答申)」

〈学習指導要領の改訂〉
　平成27年3月27日『小学校・中学校　学習指導要領』一部改訂
　同年7月3日『小学校・中学校　学習指導要領解説　特別の教
　　　　　　科　道徳編』
〈道徳科の全面実施に向けての手続き〉
　＊下記年度は小学校。中学校は小学校の1年後
　平成28年度　教科書検定
　平成29年度　教科書採択
　平成30年度　道徳科全面実施

　道徳科の設置で，何が変わったのか，何が変わらなかったのか。詳論は以下の章に譲るが，ここでは概要を述べておきたい。

　〈目標について〉　教育活動全体を通じての道徳教育の目標として示されていた「道徳性」と道徳の時間の目標としての「道徳的実践力」の用語が，「道徳性」に一本化された。また，「特別の教科　道徳」は「要の時間」としての役割が明示され，教育活動における従来の位置づけ，役割に変更はない。ただし，授業の具体的なあり方については，「考え，議論する」道徳科への転換により児童生徒の道徳性を育むとされ（「道徳教育の抜本的改善・充実」平成27年3月），道徳授業の現状への批判と今後の課題を掲げている。

　〈内容について〉　道徳の指導内容を4視点で示すことは継承しているが，1〜4の視点をA〜Dのアルファベットで示し，全体を通し番号で示している。また，従来の視点3「主として自然や崇高なものとのかかわりに関すること」と視点4「主として集団や社会とのかかわりに関すること」の順を入れ替えている。項目をキーワードで表示し，内容の統合・分割・加筆などにより，小学校から中学校への発達を意識した整理がなされているが，基本的な変更はないといえよう。

〈方法について〉 道徳科の授業では,「道徳的諸価値についての理解を基に,自己を見つめ,物事を多面的・多角的に考え,自己の生き方についての考えを深める学習を通して」(『小学校学習指導要領』第3章) 道徳性を養うとされた。その際,配慮事項で,問題解決的な学習・体験的な学習等を適切に取り入れるなどの指導方法の改善・工夫が求められた。

〈評価について〉 「児童の学習状況や道徳性に係る成長の様子を継続的に把握し,指導に生かすよう努める必要がある。ただし,数値などによる評価は行わないものとする」(同所) とあることから,記述式で評価する必要がある。そのために,記載内容の根拠となる資料を,日常的に計画的に継続的に総合的に収集することが重要である。

本書は,将来教職に就こうとする学生にとってはもちろんのこと,学校教育の場で子どもたちの指導にあたっている教員にとっても,道徳教育の目的・意義・指導法についての理解を深め,教育実践をより有効なものにするのに役立つであろう。また,道徳教育は家庭や地域社会において補完されていく必要があり,学校における道徳教育との有機的な連携が必要であるが,その場合にも,本書は有益な手がかりを提供するであろう。

本書の内容について忌憚のないご意見をいただければ幸いである。

藤永芳純

《目　次》

まえがき（藤永芳純）……………………………………………………… i

第1章　道徳と教育 …………………………（小寺正一） 1

第1節　道徳の本質　1
  1　「道徳」の語義　1
  2　「倫理」と「道徳」　3
  3　「法」と「道徳」　3

第2節　道徳教育　5
  1　道徳性の教育　5
  2　訓育としての道徳教育　6
  3　陶冶としての道徳教育　7
  4　価値観の形成・確立　8
  5　「道徳教育」はうっとうしいか　11

第3節　現代社会と道徳教育　13
  1　生涯学習と道徳教育　14
  2　科学技術の進歩発展と道徳教育　15
  3　社会の成熟化と道徳教育　18
  4　国際化と道徳教育　19

第4節　学校における道徳教育　21
  1　学校における道徳教育と
    家庭や地域社会との関係　21

        2 学校における道徳教育 *23*
        3 「特別の教科 道徳」における道徳教育 *25*
        4 潜在的カリキュラムによる道徳教育 *26*

第2章 道徳教育の歴史 ……………………（小寺正一） *29*

第1節 戦前の道徳教育 *29*

   1 修身科の成立 *29*
   2 「教学聖旨」と「改正教育令」 *30*
   3 「学校令」と道徳教育 *34*
   4 「教育勅語」と道徳教育 *36*
   5 国定修身教科書の成立と変遷 *38*
   6 大正デモクラシー期の道徳教育 *39*
   7 ファシズムと道徳教育 *41*

第2節 戦後の道徳教育の変遷 *44*

   1 敗戦直後の教育改革と道徳教育 *44*
   2 全面主義道徳教育の時代 *45*
   3 道徳の時間の特設 *48*
   4 道徳の時間の充実策 *53*
   5 道徳の時間の史的展開 *55*
   6 平成の時代の道徳教育 *57*

第3節 「改正教育基本法」のもとでの道徳教育 *64*

   1 「教育基本法」の改正と「学校教育法」の一部改正 *64*
   2 中央教育審議会の答申 *66*
   3 平成20年の『学習指導要領』の改訂 *67*
   4 『心のノート』と『私たちの道徳』 *69*

第4節　道徳科(「特別の教科　道徳」)の設置　72
　　1　「道徳科」設置の経緯　72
　　2　道徳教育の改善，充実　73

第3章　道徳性の発達 ……………………(藤永芳純)　77

第1節　道徳性の意味　77
　　1　外的道徳性(慣習的道徳性)　77
　　2　内的道徳性(原理的道徳性)　79
第2節　「発達」の意味　81
第3節　フロイトの道徳性発達理論　84
第4節　ピアジェの道徳性発達理論　89
第5節　コールバーグの理論　95
第6節　ブルの道徳性発達理論　100
　　1　アノミー(anomy)＝無道徳・道徳以前　100
　　2　他律(heteronomy)＝外的道徳(external morality)　101
　　3　社会律(socionomy)＝外-内的道徳(external-internal morality)　103
　　4　自律(autonomy)＝内的道徳(internal morality)　104

第4章　道徳教育の授業理論 ………………(伊藤啓一)　109

第1節　アメリカの道徳教育　109
　　1　二つの潮流　109
　　2　インカルケーション　110

3　子どもの自発性・主体性を尊重する道徳教育　115
　　　　3.1　「価値の明確化」　115
　　　　3.2　認知発達論に基づく道徳教育　119
　　　4　統合に向けて　122
　　　　4.1　リコーナの道徳教育論　123
　　　　4.2　「子ども発達プロジェクト」(Child Development Project)　124
　第2節　日本の道徳教育　126
　　　1　道徳教育重視の背景　126
　　　2　総合単元的な道徳学習　128
　　　3　統合的道徳教育　133
　　　4　今後の方向性　137

第5章　学校における道徳教育の全体構想（西村日出男）　141

　第1節　構想と計画　141
　第2節　全体構想　142
　　　1　学校における道徳教育　142
　　　2　道徳教育の目標の検討　147
　　　3　道徳教育の内容の検討　152
　第3節　全体計画　155
　　　1　計画の作成　155
　　　2　教科・(外国語活動・)総合的な学習の時間・特別活動・その他の活動における道徳指導　160

第6章 道徳科の指導 ……………………（小寺正一）173

第1節 道徳科の意義と特質 173
   1 道徳科の意義 173
   2 道徳科の特質 175
   3 道徳科の学習指導 178
   4 道徳科の充実 182
第2節 年間指導計画 185
   1 年間指導計画とは 185
   2 作成に際して考慮すべき要件 186
   3 計画作成の原理 187
   4 計画の内容と作成の手順 189
第3節 学習指導案 191
   1 学習指導案とは 191
   2 学習指導案の形式と内容 192
   3 学習展開（学習指導過程）の型 194
第4節 教科書 197
第5節 学習指導の方法 198
   1 一般的な留意点 198
   2 話し合い活動 199
   3 教師の説話 202
   4 読み物教材の利用 204
   5 視聴覚教材の利用 206
   6 動作化・役割演技 207
   7 書く活動 208
   8 発　　問 209

　　　　9 板　　書　*210*
　第6節　道徳科の教材　*210*
　　　　1 教材の意義　*210*
　　　　2 教材の類型　*211*
　第7節　道徳科の評価　*213*
　　　　1 道徳性の評価　*213*
　　　　2 指導に関する評価　*215*

第7章　道徳的実践の指導 ……………（藤永芳純）*217*

　第1節　道徳的行為の条件　*217*
　第2節　道徳的実践の構造　*220*
　第3節　体罰について　*227*
　第4節　奉仕（ボランティア）の精神について　*236*

あ と が き（小寺正一）………………………………………… *251*

●人名・書名索引 ………………………………………………… *253*
●事項索引 ………………………………………………………… *255*

第1章 道徳と教育

第1節 道徳の本質

1 「道徳」の語義

「道徳」という語は、古くは『易経』などにも現代とほぼ同じ意味の語として現れている。そして、「道」と「徳」とに分けてその意味するところを探ってみると、「道」とは、通りみち、道路のことであり、そこから、われわれが判断したり行為したりする際の条理・道理という意味や、社会生活を営むうえで踏み行うべき筋道という意味をもつ語として用いられている。つまり、社会の道徳的規範ということである。

道は、目的に向かって歩くところであり、現在（今いるところ）と理想（目指すところ）を結びつけるものであるから、理想を目指して進むところの筋道と考えることもできる。道徳とは、人間らしい理想のあり方に向かって伸びている規範なのである。

一方、道徳という語にあたる英語のモラル（moral）は、ラテン語の mores（mos）に由来しており、本来、mores は慣習や風俗を意味する語である。ラテン語の moralia は倫理学、道徳の学のことである。つまり、モラルとは、歴史的に形成されてきた伝統的な生活の仕方のことであり、人々が従っている社会的・集団的な慣習という意味を語源的にもっていることになる。社会の習慣（慣習）、

超個人的規範，つまり社会規範なのである。

　漢語としての道徳と英語のモラル（moral）のいずれにも，人が従うべき規範（norm）という意味があるから（そこから，訳語として対応させているのであるが），一般的に，道徳的な人とは，社会・集団の慣習・規範に基づいて行動できる人とか，社会の道徳的規範を理解し体得し実践できる人，ということになろう。これはわれわれが日常用いている用法と変わりはない。

　また，「有徳」，「徳」にあたる英語には virtue があるが，これもラテン語起源の語（ラテン語の virtus）であり，ギリシア語のアレテー（aretē）と同義語で，長所・美点・優秀さを意味している。アレテーは，哲学用語としては「卓越性」と訳すことが一般的であるが，あるものがその固有の機能を果たすためにそなえるべき性質のことといえよう。あるものがそのものとしてすぐれていること，つまり，卓越していることである。

　「徳」という漢字には元来，能力・実践力という意味がある。つまり，有徳な人とは人間としての能力において卓越している人のことである。他の動物にはない人間的なものにおいて（人間性において）すぐれた人ということである。人間の人間たる固有の性質が理性的能力であるとすれば，一時の欲望や感情のままに生きるのではなく，自由意志を理性的に使いこなすことのできる人が有徳の人ということになろう。これは自律の能力とされるものである。

　また，「徳は得なり」ともいわれる。得とは「会得・体得」ともいわれるように「身につけること」であり，また，「損得」の得であるから「有利・有益」という意味もある。能力としての徳は身につけるものであり，それを身につけていれば生きていくうえで有利に働くものなのである。道徳には実践的な意味が含まれているのである。

2　「倫理」と「道徳」

「道徳」の類語として「倫理」という語もある。まず，倫理または倫理学にあたる英語は ethics であるが，これはエートス（ēthos）というギリシア語を語源とする。エートスとは，集団や民族の慣習・風俗を意味するものであり，前述のラテン語のモーレスと同じ意味である。道徳と倫理という二つの語の間には，大きな違いはない。あえて両者の違いをつけるとすれば，倫理が原理的な意味をもつのに対して，道徳は実践的な内容を含むということであろう。

漢字の「倫」は人のまとまり・仲間を意味し，「理」はすじめ・すじみちのことであるから，倫理とは，人が仲間とまとまりをもって社会的存在として生活していくための理法を意味する。人をひとまとめにする筋道そのものをいうのである。一方，道徳の「道」は，前述のように，社会生活の筋道，つまり「倫理」のこと。そして，道徳の「徳」は，これまた先に述べたように習得すべき実践力のことであるから，単に筋道を意味するだけでなく，より実践的な意味合いの強い言葉と考えることができよう。すなわち，「倫理は道徳の理論」であり「道徳は倫理の実践」なのである。

小・中学校では，「特別の教科　道徳」があって，生活と結びついた実践的な内容の指導がなされ，実践力の育成を目指すのに対して，高等学校の公民科の1科目が「倫理」とされているのも，両者の違いをふまえたものと考えることができよう。

3　「法」と「道徳」

社会規範には法もある。社会規範としての法と道徳とを比較することにより，道徳の規範としての特質を明らかにしてみたい。

広義の「法」概念には慣習法なども含まれるが，「法律」（国会などで議決されたもの）に典型的に見られるように，法は社会の中にはっきりとした形をとって（条文などとして）存在するようになる。道

徳は明文化されて示されるものではなく，個人の意識の内にある。また，法は国家権力などによってその効力が保証されており，最終的には，当事者の意向にかかわらず執行される（民主社会においては，法には社会の構成員の意思が反映されることになってはいるが，必ずしも常にそうであるわけではない）。それゆえ，法は個人を社会の側から（外から）導き規制する社会規範としての性格をもつということができる。

　道徳（倫理）は，ときには外的規範として意識される場合もあるが，基本的には，個人の内面にある社会的行為の規範である。道徳は，社会的に議決して決めたり契約的に履行したりするものではない。社会に広く認められているという点では社会規範といえるが，根源は個人の内面にある。一人ひとりの内面の良心が強く意識されるのが道徳的問題なのである。

　法と道徳を外的な規範と内的な規範として対比させてみたが，両者は歴然と区別できるものではないし，当然，同じことを規制する場合も多い。例えば，殺人は法においても道徳においても否定されるべきものである。詐欺，虚言も両者とも認めない。外的な法と内的な道徳とが，相互に補完的に社会の調和と秩序を維持しているのである。

　しかし，法が，殺人・詐欺・虚言の禁止など，社会生活上誰もが必ず守り従うべきものを規定するのに対して，道徳は理想的な内容を示す場合も多い。他者に親切にすることは，道徳的要請であって，法的規制に盛り込まれることはまずないであろう。社会の現実的な規範が法である（法の規定する内容には，道徳と無関係のものもある。交通法規の一方通行の規制は，その道路を指定された方向へ走らないと不道徳だから規制しているのではない）。

第2節 道徳教育

1 道徳性の教育

　道徳教育とは，道徳性の発達を促す教育のことである。ところで，この「道徳性」という概念には，社会生活上の「道徳体系」という意味と，個人に内在する「性格特性としての道徳性」という二つの意味があるが，ここでは，第二の意味，つまり道徳的性格のこととして用いることにする。対人的関係や社会生活において，善悪・正邪の判断を下したり行為したりする際に働く道徳的性格のことを，道徳性と考えるのである。

　「性格特性としての道徳性」には，三つのとらえ方がある。第一は，社会の道徳的規範やその基盤となっている道徳的価値が自覚的に内面化されたものを道徳性とする立場である。ここでは，道徳教育とは，社会の道徳規範を効率よく主体的に理解させ内面化させる働きかけのことだということになる。

　第二の立場は，各自の自主的な価値選択能力を道徳性とする。ある人の行為や生き方が道徳的か否かは本人の選択能力にかかっているから，道徳的性格とは道徳的な選択能力のこととなり，道徳教育はこれをより洗練されたものへと育てることである。具体的には，善の実現に意欲的で，適切に状況把握をし，的確に判断を下せるような資質を育てること，となろう。

　道徳性を一定の段階を踏んで発達するものととらえるのが，第三の立場である。ここでは，心理学の研究成果から道徳性の発達の過程は明らかになっているとし，この誰もがたどる段階的発達を促し上位の段階に移行させることが道徳教育となる。

　道徳性の教育としての道徳教育は，このように道徳性のとらえ方によって三つの見解に分けることができるが，以下においては，道

徳教育の課題を第一と第二の立場を参考にしながら検討し，第三の立場の検討は，第**3**章に委ねたい。

2 訓育としての道徳教育

　先に述べた道徳の語義や道徳性についての考え方を参考にして，道徳教育には二つの基本的な課題のあることを示してみたい。

　まず第一に，道徳教育とは，社会規範を教え身につけさせることであるといえよう。mores的道徳を訓育することである。いうまでもなく，社会にはそれを成り立たせるための社会規範が存在する。われわれが社会生活をする以上，その社会の道徳的規範を習得することは必要不可欠なことである。幼少期よりなされるしつけのうちの対人関係や集団や社会との関係に関するものは，その最も基本的なものである。道徳規範を習得させて，生物的・自然的存在としてのヒトを社会的存在としての人間とすることは，社会の安定化のために欠くことのできないものなのである。

　そして，社会の道徳的規範の基本的なものは，超個人的なものとして客観的に示すことが可能であるから，これについては文字どおり「教える」ことができる。一方的・強圧的に教え込んだり，規範だから無条件に守れ，というような教育は誤りだとしても，基本的・基礎的な社会生活のルールを具体的に合理的説明を加えて教え納得させることは可能であり，しなければならないことといってよい。

　これは社会に個人を順応させる教育観ということになるが，道徳規範の習得は個人にとっても有益（得）なことである。その習得が不完全であれば，社会生活を営むうえで不必要な，余分なトラブルが生じて生活がしにくくなる。基本的な生活習慣の基盤をなす規律ある生活習慣や約束遵守の精神などを習得することは，誰にも必要なことなのである。

3 陶冶としての道徳教育

　道徳教育の第二の側面は，人格の陶冶のための働きかけということになる。ここでいう，「人格の陶冶」とは，人間の天賦の性質，人間としての可能性を完全に発達させることである。前述の virtus 的道徳の陶冶である。人間としてすぐれた存在にすることであり，有徳な人間の育成である。

　人間の本質（人間性）が何であるかは，古来，さまざまに定義されているが，近代では，それを理性とそれに基づく自立（自律）能力と見ることが一般的である。人間を，自己の内部に実践理性をもち，その内なる理性で内なる自然（感情や欲望）をコントロールできる存在，と見るのである。人間は自分自身の力で自己の望ましいあり方を決定することができるという考え方である。人間性の完成とは，自主的・自立的に適切な道徳的判断が下せる存在となることである。そして，人間は社会的存在であるから，人間性として，他者に対する「思いやり」や「慎み深さ」（共感の能力や謙虚さ）も欠くことができない。

　道徳教育は，自立的（自律的）で社会性の豊かな人間となるよう，一人ひとりの内面の可能性を陶冶することなのである。

　第一の規範習得が社会的立場からの必要論であるとすれば，これは個人的な観点からの道徳教育必要論であるといえる。すなわち，一人ひとりを「人間」として完成させるものである。

　人格陶冶の教育は一人ひとりのもつ可能性を完成させることであるから，各自の内面的な力によるところが大きい。何かを教えるという形で教育できるものではないが，内発的な力や可能性に期待し援助するという教育活動は可能である。

　以上，道徳という語を検討することを通して，社会規範の習得と人格（人間性）の陶冶が道徳教育の課題であることが示された。この二つは説明上は区別することができるが，本質的には別々のもの

ではなく，いわば一つの事柄の両面だと見ることもできる。人間の生き方の理想型（人間としてのすぐれた生き方）として，歴史的・社会的に形成され大勢の人に是認されてきたものが社会規範であるといえるし，人間が社会的存在としてすぐれたものになるためには，その社会規範を理解し習得することが不可欠であるといえるからである。

4 価値観の形成・確立

道徳教育の内容として，規範の習得と人間性の完成をあげたが，さらに，それらを発展させて，道徳教育の究極の課題と考えられる点について説明してみたい。個人の価値観の形成・確立のための道徳教育である。

規範の習得と人間性の完成がいわば標準的なものを育てる教育であるのに対して，これは，一人ひとりの生き方に関わる個人的な色彩の強い道徳教育であり，一人ひとりの生き方の拠りどころとなる価値観の形成・確立を目指すものである。

道徳教育は価値の内面的自覚を促す。社会規範の習得という点から見ると，この習得の過程で社会規範を規範として成り立たせている道徳的価値の内面化（主体的自覚）がなされているはずである。なぜそうすることが必要なのかを考えれば，道徳的価値に思いいたる。社会規範を，言われるまま，命じられるままに受け入れ行動しているかぎりではこの内面化は不可能であるが，社会規範を納得して受け入れるかぎりにおいて価値の主体的自覚がなされているのである。「人がしているから」とか「世間から笑われるから」といって社会規範に従順に従うのではなく，その意義を理解し価値を納得し自分の判断・選択の基準として受け入れたときに初めて，価値が本人に受け入れられたということになる。

人格の陶冶に際しても同様のことがいえる。望ましい人格を構成

する価値が内面化されるのである。

　社会規範の習得や人格の陶冶を通して道徳的諸価値が自己の自覚として主体的にとらえられ，各自の内面に深化・定着すると述べてきたが，さらに，この内面的自覚が進む過程で，一人ひとりの価値観が徐々に形成されていくということができる。内面化には個人差がある。人によって，よく納得できる価値とそれほどでもない価値とが生じることがあろう。価値の深化・定着に際して生じる個人的差異である。この内面化に際して生じる個人的差異が一人ひとりの価値観を形成するのである。さらに，内面化された複数の価値の統合・構造化の段階でも，人によって差異が生じてくる。組み合わせ方，優劣のつけ方などの違いによるものである。道徳的諸価値の納得の仕方，度合いやその組み合わせ方によって，各自の生きる拠りどころとしての価値観が形成され確立していくのである。その人なりの価値の体系が樹立されたといえる。個性的な価値体系が確立し，道徳的な個性が形成されたのである。

　これを，文法と各自の話し方・書き方との関係にたとえて示すこともできよう。われわれは日本語の文法にのっとって話し，文章を書くが，その言葉遣いなどにはその人独特のものが現れる。「文は人なり」といわれるゆえんである。文法は社会の道徳的規範であり，話し方・書き方は一人ひとりの道徳的価値観の表出である。

　数多くの文学作品を読み進む中で，しだいに自分の文学的な好みがわかってくる。いろいろな政党の街頭演説を聴く中で，しだいに自分の政治的信条が鮮明に自覚されていく。これと同じように，いくつもの道徳的価値に触れて自分のものとする過程で，自分なりの価値観を確立し自分の生き方の支えを作り出すと考えることができるであろう。何ごとにも積極的な性格の人，引っ込み思案だが他人への思いやりの深い人など，人の道徳性はさまざまであるといえる。その個人差は生まれつきのものがいくぶん関係するとしても，大半

は，成長していく過程において，どのような環境の下でどのような価値観を身につけていくかにかかっているといっても過言ではないだろう。とすれば，学校の道徳教育では，発達段階や各自の環境的条件も考慮しながら，数多くの道徳的価値に関われるようにすることが大切である。

「道徳的個性」という言い方に疑問があるかもしれない。しかし，逆にいえば，すべての人間を画一的で型にはまった生き方にはめ込むことが道徳教育の課題ではないはずである。繰り返し述べてきた社会規範や理想の人格は，いわば，社会的に認められた標準的な幅のある道であって，われわれ一人ひとりはその道のどこか（真ん中，左側，右側，またはジグザグに）を歩くのである。それが一人ひとりの生き方である。とすれば，規範や人格を理解すればするほど，「道」のことがよくわかり，自分の歩きたいところもはっきりしてくるのではないだろうか。

道徳的価値の主体的自覚，各自の価値観の確立という点に関しては，厳密に「教える」という語を使うならば，その教育は不可能であろう。それは一人ひとりの内面で徐々に行われることであるから，児童・生徒を理解し指導的立場にある人であっても，それを「教え込む」ことはできない。「あなたの道徳的個性はこうあるべきです」とか「道のここを歩きつづけなさい」などと言うことは，他者に対する越権行為であろう。が，その確立を手助けすることはできるし，指導者はしなければならないと考える。「ソクラテスの産婆術」といわれるものを手助けの教育という意味で理解すれば，道徳的価値観の確立に際しての産婆術はありうる。児童・生徒に身近に接している人々なら，彼らに何が必要かはわかるはずである。価値観に関わる教育は人間の生き方の基本に関わることであるからすべきではない，という考え方もあろう。しかし，そうした教育が学校でなされなかったとしても，児童・生徒はさまざまな場所でそういうこと

を経験する。教育的配慮のない環境の中で偏った価値観が形成されていくのを見過ごすわけにはいかないだろう。現代社会の傾向・偏りを考慮しつつ、適切な形で多様な価値に触れる機会を用意することも、重要な教育的配慮と考えたい。

　道徳教育の課題について、いわゆる「究極の」課題ともいうべき価値観の確立まで論じてきた。が、これは画一的に教えられることではないし、相手に任せなければならないことなので、手ごたえの感じられないことが多い。今日(きょう)の結果が明日すぐに現れるというものではない。しかし、道徳教育が、少しずつ一人ひとりの生き方の確立に役立つ手助けをしていることは、間違いのないことである。子どものときに読んだあの話がその後の自分の考え方・生き方に影響を与えつづけているという経験の一つや二つは誰もがもっているものである。「特別の教科　道徳」で話されたことが、みんなで考えたことが、いつか何かのきっかけでふと思い出されて、ということを期待することはできるはずである。

5　「道徳教育」はうっとうしいか

　道徳や道徳教育は、なにか「うっとうしいもの」として受け取られていることも多い。お説教じみた話を道徳と見るのである。決まりきった、いわゆる「よい生き方」、「正しい行為の仕方」について教え、それに従うように教え導く教育でしかない、というとらえ方である。例えば、指導者が、「お年寄りには親切にしなければいけません」、「親切にしなさい」と教えるのが道徳教育だと見る見方である。なにかしら強圧的で、人の生き方に対して指図がましく、「押しつけがましい、うっとうしい」という印象がそこから生じる。しかし、道徳は、本当に「うっとうしい」と断罪してすまされるべきものなのか、このことを本節の最後に考えておきたい。

　道徳教育が「押しつけがましい、うっとうしい」と感じられるの

は、どのような場合か。大きく分けて、二つの場合があるように思われる。

一つは、自分が健全で正しい生き方をしているのに、外部から、特定の狭い価値観、歪んだ価値観としか思えないものを示され、それに従うことを強く求められる場合。これは偏った道徳的価値の教化である。そこでは、せっかくの自分らしい生き方、正しい生き方が歪められてしまう。特定の道徳、うさんくさい道徳の押しつけとしての道徳教育と批判されても仕方がないものである。

もう一つは、自己中心的で利己的な生き方をしているときに、社会の側からしかるべき正当な社会規範を道徳として示された場合も、「うっとうしい」と感じることがある。自分がうさんくさい生き方をしているから、道徳が「うっとうしい」のである。

何かというとすぐ「むかつく」と言う若い世代から、政治倫理の確立に積極的でない政治家まで、このタイプの「うっとうしい道徳観」も多いのではないか。

この場合、いくら「押しつけがましい、うっとうしい」と思われても、道徳や道徳教育はなんらひるむことはない。でんと構えているのが正しい対応だろう。当然の社会規範を習得させるためには、「うっとうしい」といわれても、道徳教育を続けなければならない。ごつごつとしたもの（自分の利己的利害にとっては不都合なもの）と対決し、自分自身のエゴを削り落として社会性を高めていくことが必要な場合もある。軟らかいものに囲まれているだけでは、内部にしっかりした道徳性の核は育たない。

とはいっても、基本的に、道徳性に関わる教育は、いかに正当な理由・根拠のあるものでも、「かくあるべし」と強制して教え込み従わせるという方法はとるべきではない（自分で妥当な判断ができる年齢に至るまでは、原則的に、教え込みしつけるという場合もあるが）。

道徳教育には教え従わせるという側面もまったくないわけではな

いが，学校での道徳教育は，基本的には，学校内外の教育的実践の場や「特別の教科　道徳」の教材や話し合いで，さまざまな人間性や道徳的価値に触れ，自分の生き方を自分で確立していくための援助としての教育であると考えておきたい。児童・生徒が自分自身で自らの生き方を磨くための，援助・補助としての教育である。そのとき，磨くのは「こころ」と「ちから」ということもできる。自分らしい「豊かな心」，「自分にふさわしい道徳的実践力」がそれである。

　児童・生徒が自分自身で自らの生き方を磨くための道徳教育とは，自分自身で事の是非を判断し，自分の力・意欲で実践できる人間を育てること，といいかえてもよいであろう。つまり，道徳的に自立した人間の育成を目指すのが道徳教育である。また，道徳的な意識・自覚をもった人間の育成へと発展させることもできよう。これは，生きるうえで，社会にとって，周りの人にとって，自分にとって，よりよい生き方をしようという意識・自覚をもつ人格の形成である。

　道徳教育は，児童・生徒が自分の生き方を確立するための手助けとしての教育，自分の生きる力を磨くための援助としての教育であると考えておきたい。道徳や道徳教育を「うっとうしいもの」とする見方は，狭い道徳観に基づくものであったり，人間の生き方の形成・確立に対する教育の機能を狭く（教化のみに）限定してとらえたところに由来するものである。

第3節　現代社会と道徳教育

　日本の社会では，現在，道徳や倫理への関心が高まっている。政治倫理，企業倫理という言葉は日常化している。政治家，行政担当者，企業人のあり方が，モラルの問題として注目を集めることが多い。道徳的観点が欠落した結果生じる社会病理の問題である。また，

生命倫理, 環境倫理という言葉も日常会話に頻繁に登場するし, マスコミなども折に触れて取り扱っている。科学の進歩や技術革新に伴って新しい倫理的・道徳的問題が生じており, それらに対して社会的に公認された見解が成立しておらず, さまざまな議論がなされているのが現状である(特に生命倫理や環境倫理に関する問題は今後も続いていくものと思われる)。

いずれにしても, 各個人がしっかりした道徳的判断力や実践力をもたなければならないことは明白であろう。ここでは, 現代社会における道徳教育の重要性やそのあり方について考えてみたい。

1 生涯学習と道徳教育

生涯学習の時代, 生涯教育の時代といわれる。社会はめまぐるしく変化するから, その変化に対応するためには, その時々に新しいものを学びつづけなければならないのである。若いときに学んだ知識や技術で一生やっていけるという時代ではない(例えば, 教育機器一つ考えてみても, 格段の進歩を遂げ, 専門的知識なしには使用できないほど精巧なものが数多く存在する。それを利用するためには研修を受けなければならないのが現状である)。

それゆえ, 学校においても, 児童・生徒が生涯にわたって学習していけるように教育することが求められる。生涯を通して学習し教育を受けるのに必要な学習意欲や基本的な知識・技能(情報処理能力など)を身につけさせなければならない。いわゆる「新しい学力観」に基づく教育である。

そして今後は, もう一つ, 道徳的な価値の選択・判断能力も欠くことができないだろう。伝統やそれまでの経験が通用しないような, まったく新しい状況で人間にとってふさわしい行為を選択するには, 道徳的判断力などが不可欠である。便利さや豊かさばかりに目を奪われるのではなく, 人間らしい生活を維持するための最低条件であ

る。未知の社会状況に突入しても道徳的に健全な社会を築き，人間らしい生き方をもちつづけるためにも，確固たる道徳性が求められる。新しい社会状況に対応すべく生涯を通じて学習を続けるにあたって，道徳的判断力はこれまで以上に求められるはずである。

その際に求められる道徳性は，社会性と自律性であろう。社会性とは，社会的存在としての人間に欠くことのできない，思いやり，謙虚さ，公平・公正の観念などであり，自律性とは，自分のことが自らの力でやり遂げられる能力の基盤となるものである。

社会の変化に対応できる意欲と能力の重視とは，社会の趨勢に巧みに乗ってその時代時代の陽のあたる場所を泳ぎわたる力をつけるということではないだろう。真の意味で社会の変化に対応できる人間とは，社会の変化に伴って現れてきた新しい情報や技術を正確に理解する能力をもち，新しい状況に必要な知識や技術を作り出すとともに，それらを道徳的観点から吟味し取捨選択する能力をもつ人間のことである。生涯教育・生涯学習が強調される時代には，当然，道徳教育も重視されなければならないのである。

2 科学技術の進歩発展と道徳教育

現代社会における道徳教育の重要性を，科学技術の発展という点から説明してみたい。

20世紀以降の科学の発達はすばらしく，それに基礎を置く技術の進展も目を見張るものがある。空想的に夢物語として語られていたことが，今では易々と実現できる。科学技術の進展により，人間にとっての技術的可能性が飛躍的に拡大したということである。とすれば，今後は「可能な技術をいかに利用するか」という問題を避けて通れない。できることを何でもするのではなく，「してよいこと」と「してはならないこと」とを峻別する能力が必要となる。これは，新しい技術を社会に持ち込む（実用化する）際に，道徳的・倫理的

妥当性という観点から判断する能力である。先端の技術に直接携わる者にとってはもちろんのこと，これらは社会全体のあり方に関わる問題であるから，社会の構成員一人ひとりの道徳的能力が問われるのである。

特に近年，情報通信技術の発達でインターネットなどを利用した情報提供や情報交換の機会が飛躍的に拡大した。今後とも，こうした傾向は続くであろう。生命倫理や環境倫理とともに，情報に関する倫理的問題が重要な社会的問題となろう。悪意に基づいて個人情報が瞬時に広範囲に発信されたり，公的な機関のデータが引き出されたりすれば，従来のプライバシーに関する問題処理の方法では対応しきれない事態が生ずることも予想される，いや，実際に生じているとするほうが正確だろう。

社会の新しい状況を的確にとらえ判断していく能力の育成が道徳教育の重要な課題の一つであることを，生命倫理の問題から考えておきたい。生命倫理とは，簡単にいえば，生命工学の技術的可能性を道徳的価値や原則に照らして体系的に研究するものである。

生命や健康に関わる技術（生命工学）はここ数十年の間に飛躍的に発展した。DNAの組換え技術による遺伝子操作，体外受精やその受精卵の冷凍保存など，人間生活にとって利用次第では有益なものが次々と技術的に確立されてきた。従来は神秘のベールに包まれていた生命誕生のからくり（しくみ）がしだいに明らかになり，人為的に操作することができるようにもなっているのである。しかし，生命の誕生を無制限に人為的に操作してよいわけではない。

また，人間の死に関しても，人工呼吸器の発達によって，脳死という「新しい死」（？）が現実のものとなった。が，脳機能の不可逆的停止を死と告げられても，呼吸器によって肺や心臓が動き，体にぬくもりのある肉親の脳死を個体の死として受け入れない人々もある。そして，脳死判定の技術は臓器移植というこれまた新しい医

療技術と結びついて，さまざまな治療が可能となった。しかし，臓器移植の是非，その要件などについて国民的合意ができているというわけではない。

　生命や健康に関する技術的可能性が拡大するにつれて，倫理的・道徳的妥当性を検討しなければならないことが飛躍的に増加してきたのである。今後も生命倫理に関する問題は増大するであろう。生命工学の発展に傲ることなく，生命に対する畏敬の念を忘れずに判断していく道徳性の育成が望まれるのである。「することができる」からといって「してよい」とは限らないという原則が，生命や健康に関する人間の技術の発展に関してもいえることを教育しておく必要があるのである。生命工学は人間の生命にだけ関係しているのではない。遺伝子操作では，植物や人間以外の動物の品種改良，新品種の開発などが行われている。が，これも無制限に拡大されていくと，自然界の人工淘汰・改変となり，取り返しのつかない事態が生じる危険も大きいのである。グローバルな規模での道徳的判断ができなければならないということである。

　生命倫理とともに，最近では環境倫理にも関心が高まっている。具体的には，人類は自然や生活環境にどの程度関わり改変することが許されるのか，という問題である。地上での自然の乱開発，海中の開発規模の拡大，オゾン層の破壊につながる物質の無制限な使用などの問題がそれである。われわれは，ともすれば快適さや便利さに流されて，本質的な判断を避けたり先送りすることも多い。快適な生活や人類の生存という観点だけで環境の保全を考えるのではなく，地球・宇宙のあり方を根本的に考えることがわれわれ人間に課せられているのである。

　人間がもつ技術的可能性は20世紀に入って飛躍的に拡大してきた。ある意味では人間が神に代わりうる時代となったのであるから，人間がその技術に対応する道徳力をもたなければならないのは当然の

ことであろう。選ぶことの自由をもつ者はそれにふさわしい道徳的判断力をもたなければならないというのは，行為と価値に関する大原則である。それゆえ，従来から，大きな力をもつ者には高い倫理的・道徳的資質が求められている。医師の倫理，政治権力者の倫理などがそれである。そして，われわれ現代人は，科学技術の進展によって大きな力（技術）をもつようになったのであるから，一人ひとりの道徳的判断力をしっかり身につける教育が必要なことは理解されるであろう。科学技術は人間の生活に寄与するものであるから，それらを活用しつつ適切に使いこなすことが問われているのである。知識や技術の教育とともに道徳的判断力，実践力の教育が急務であるといえよう。

3　社会の成熟化と道徳教育

現代の日本社会は成熟化の段階に入ったといわれている。成熟化とは，成長発展を遂げ，充実・熟成の段階に入ったことを意味する。果実にたとえるなら，実が大きくなっていく段階を過ぎて，内実が熟していく段階にあるのである。そして，社会の成熟化とは，社会が物心両面で充実していることである。国民所得も一定の水準に達し，消費生活の充実・高度化が進んでいる。労働時間の短縮，家事労働の合理化によって自由時間が増大し，私的な生活時間も充実し，趣味に合った生活をすることも無理なくできるようになっている。その結果，経済的にも物質的にもそして精神的にも，自由に自分の思うままに生活することが可能になっている社会状況が現出したのである。国民の生活ニーズの多様化がその具体的現象である。

生活面で，これまでの日本のどの時代と比べても，物質的に豊かな状況にあることは誰もが認めるところであろう。社会に貧困が皆無となったわけではないが，その日の生活にも事欠くという人々が国民の何割にも達しているというわけではないから，世界の国々と

比較すれば，日本は生活レベルで豊かな社会になったといえよう。そこで次の段階として，物質的豊かさを追い求める時代から人間らしく生きることを求める時代に入りつつあるといえよう。今や，モノの豊かさから心の豊かさへ関心を向けなおす時なのである。文化・教養に対する関心の高さはそのことを示しているといってよい。実利を優先し理念をあと回しにして許される時代ではないのである。質の高い理念を掲げて行動する社会でなければならないのである。

　金銭的・物質的豊かさを求めつづける社会のあり方に嫌悪感を抱く人が国内的にも増えている。社会の成熟化は望ましいとしても，歪んだ成熟化，つまりモラルなき繁栄には批判的な人々が多くなってきた。政治倫理，企業倫理ということが問題とされるようになってきたのがその例である。社会の成熟化に伴って，倫理（道徳の原理）にも関心が高まってきたのである。「倫理」は今や時代の流行語なのである。この点から考えても，今後の日本社会の担い手となるべき児童・生徒に高い道徳的資質を身につけさせることは，学校教育における今日的課題の一つといえよう。一人ひとりが，自らの生き方に対しても，日本の社会に対しても，道徳的視点を忘れないようにしなければならないのである。

4　国際化と道徳教育

　1980年代に入り，これまでの閉鎖的な国家・社会のあり方では世界の動きに対応できないことが明らかになってきた。人，モノ，金，情報が，国境を越えて地球の反対側へも短時間で移動できるようになった。国境を越えた往来が頻繁になってきたのである。このような状況への日本社会の対応の問題として，「国際化」ということがいわれるようになってきたのである。そして，日本社会の国際化が進むと，日本人とは異質の文化，生活様式，価値観をもった人々との交流が頻繁になる。勉強や仕事で外国へ長期間出かける人はます

ます増えるし,より具体的な例をあげれば,身近な親族が国際結婚をしているという人は今後ますます増加するだろう。

　教育の場においては,国際化は,開かれた日本社会の一員としての資質を育成するという観点で用いられる。また,国際化という語は,日本の世界における立場にふさわしい国際的貢献を提唱するために用いられることも多い。日本社会のこれまでの閉鎖性を改め,積極的に世界の国々の発展に協力貢献しようという意識を教育の場でも育てていくべきだという主張がそれである。これは同時に,国際社会における日本の主体性確立のためには,日本文化のアイデンティティの確立も必要であるという主張ともなる。日本の文化・伝統尊重の教育が国際化の時代にこそ急務であるということである。

　国際化の時代にあっては,狭い画一的な価値観ではやっていけない。相手の価値観(自分のそれとはまったく異なったものであっても)を理解できる柔軟な価値理解能力や自他の調整能力が必要となるだろう。幅広い価値理解能力や柔軟性を前提とした人づきあいの能力である。外国の言葉がわかるだけで国際化が進むのではない。外国の文化に対する関心やその根底にある価値観がわかり合えなければ,国際化とはいえないだろう。

　そして,相手側の価値観を認めることができるのは,われわれの側も自分なりの価値観をもっているときである。明確な生きる拠りどころをもたない人間が相手のそれを配慮しようと意識することはないだろう。

　生き方に関わる価値についての意識を鋭くし,それを自己の内面に確立するための働きかけは道徳教育の主たる課題であるから,国際化時代にあって道徳教育はますます重要度を増すといえる。人間は,自分自身の価値観や自分の住む社会の価値観で考え判断しがちであるから,幅広い価値理解の必要性を自覚させ,そのための能力を育成するため,児童・生徒に揺さぶりをかける道徳教育を志向す

べきである。

　日本は現在，産業技術の面から見ても経済的観点から見ても，世界の中で先進的レベルにあるといってよいだろう。技術的にも経済的にも，世界の人々の生活に与える影響力はきわめて大きいといえる。その力を自国の利益を最優先して使用していては，世界の国々から信頼されない。世界の国々，人々の幸福という観点に立つことが望まれるのである。ここでも，力をもつ者の道徳力が問題となる。児童・生徒に国際化時代にふさわしい道徳力を育成することが必要なのである。幼少期から他者・他人を意識し配慮できる健全な社会意識をもつようにすることが，国際化時代に生きる日本人の育成（教育の国際化）につながるということができよう。

　以上は，現代の日本社会の実態をふまえた，道徳教育の現代的課題といえるものである。将来の日本社会に生きるためには，道徳性を高め，自分自身の生活を道徳的観点から判断し，処理していく能力が求められるのであるから，道徳的観点を見失わないような人間の育成が必要なのである。力にふさわしい道徳性・人間性をもたなければならないのである。今後ますます道徳教育が重要になるはずである。

第4節　学校における道徳教育

1　学校における道徳教育と家庭や地域社会との関係

　道徳教育は，児童・生徒のすべての生活場面で行われるものである。それは，学校だけで完結する教育活動ではなく，家庭や地域社会の中でも当然行われるべきものであり，特に基本的生活習慣の形成などに関しては，学校よりも家庭における道徳教育が重要である。また，集団や社会との関わりに関する態度の育成は，地域社会の中

で実践を通して形成することもできるはずである。

　しかし，学校における道徳教育に対する期待度は高まっているのが現状である。その理由の最大のものは，子どもたちに対する家庭や地域社会の教育力の低下であろう。核家族化や地域社会の連帯性の希薄化などの理由から，家庭や地域では十分に子どもたちに道徳性を身につけさせることができなくなっているという認識が一般化してきている。過度の期待にまで応える必要はないが，教育の専門家である教師のいる学校において継続的に道徳的価値を内面化し判断力・実践力をつける教育が，今後ますます重要になってくることは否定できない。

　ところで，現代社会にあっては，政治的信条や宗教的信条などの違いに由来する価値観の多様化が顕著である。それぞれの児童・生徒の家庭では，親たちの固有の価値観に基づく道徳教育やしつけが行われている場合もあろう。それらを否定するような道徳教育を学校で全面的に展開することはできないから，学校では，特定の狭い価値観に基づく道徳教育は成り立たない。社会的に公認された基本的な価値観を基盤として，幅広い視点で自らの生き方を見つめ，その家庭の一員としての資質を形成できるように配慮する必要がある。しかし，一方では，家庭や地域社会の中で，非常に偏った道徳性を身につけていることもあろう。そのような場合には，偏った価値観に対してそれを是正する道徳教育も必要となる。いずれにしても，家庭や地域社会での児童・生徒の生活実態を把握したうえで，学校における道徳教育を計画する必要がある。

　学校における道徳教育を効果的に進めるためには，今述べたように家庭や地域社会との関係を無視することはできないから，より積極的には，家庭や地域社会と学校が連携して道徳教育に取り組む必要がある。学校において，道徳教育についての基本的方針を広報活動などによって家庭や地域に紹介し，理解を求める働きかけをした

り，児童・生徒に託する家庭や地域社会の願いや考え方を知り，彼らの道徳性の育成を図るため互いに協力して「連携推進」の会議を開くなどの活動が考えられる。また，授業参観の時間に，全校一斉に「特別の教科　道徳」の授業を公開し，そのあとで担任教師と父母の懇談会をもつ，といった取り組みを年に1，2回程度実施することも，学校と家庭が協力連携して児童・生徒の道徳性の育成にあたるという体制を作るうえで有効である。

2　学校における道徳教育

　学校における道徳教育は，学校の教育活動全体を通じて行うことが基本である。戦後の新教育制度発足当初から今日まで，この基本方針に変わりはない（第2章で詳述）。そこで以下，全教育活動において道徳教育を進める必要性を整理しておきたい。

　まず，道徳性は全人格的なものであり，人間の行為や生き方の原理としての道徳は全生活的である，ということがあげられる。それゆえ，人格形成に関わる教育のさまざまな場面で道徳教育がなされなければならない。

　「教育基本法」の第1条は，「教育は，人格の完成を目指し，平和で民主的な国家及び社会の形成者として必要な資質を備えた心身ともに健康な国民の育成を期して行われなければならない」となっている。これは，教育の目的が豊かな道徳性を身につけた人格の完成にあることを示したものである。この点から見ても，学校における教育はすべて道徳教育につながるともいえよう。各教科・外国語活動（小学校）・総合的な学習の時間・特別活動などでの教育は，道徳性の育成と結びついたものでなければならない。それらの知識・技能が人間としてのよりよい生き方に効果的に働くためには，道徳性に裏づけられたものであるべきだろう。さまざまな教育活動に道徳性の育成が配慮されていなければならない，ということである。

児童・生徒は，さまざまな学習を続けていく過程で，学ぶこと，身につけることのすべてが道徳と無関係ではないということを自覚する必要がある。極端な言い方になるが，人間のあらゆる言動は道徳的なものでなければならない。道徳は人間の生活の全般に関わる事柄なのである。とすれば，学校にあっても道徳教育と無関係な教育活動があるはずはない。

　さらに，道徳性の育成という点から見れば，それは，現実の身の回りにある実際の生活に即し，さまざまな教育機会に道徳教育がなされる必要がある。限定された場や特別な場で，実際の生活と遊離した形でなされる道徳教育は，偏ったものになる危険性が大きい。生活に即したものであれば，絶えず生活経験を通してその有効性や実効性が検証でき，まやかしの価値観に翻弄されることも少なくなる。学校教育のさまざまな生活場面で生活に即して統一ある人格の形成を図ることが，道徳教育を健全なものとするのである。

　次に，実践力の育成という点から考えてみたい。道徳教育で育成される道徳性は，実践的でなければならない。実践力の育成である。この実践力を身につけさせるためには，有効な実践の機会を与えることが必要となろう。実践の機会や場は，偏ったものであるよりも，全生活的な広がりをもつことが望まれる。学校教育のさまざまな場面で，いろいろな人間関係の中で多様な経験を積むことが，豊かな道徳性を育成するのである。各教科・外国語活動（小学校）・総合的な学習の時間・特別活動などの教育機会が，それぞれの目標を逸脱しない範囲で，積極的に道徳的実践の場となることが望ましい。この点からしても，教育活動の全面で道徳教育を行うということの必要性が理解できよう。

　しかし，道徳教育を全教育活動で行うということは，各教科・外国語活動（小学校）・総合的な学習の時間・特別活動で道徳指導を最優先すべきだということではない。各教科・外国語活動（小学校）・

総合的な学習の時間・特別活動はそれぞれ固有の教育目標をもっている。本来の教育目標を歪めてまで道徳指導をする必要はない。各教科・外国語活動（小学校）・総合的な学習の時間・特別活動のそれぞれの教育目標が確実に実現されてこそ、いわゆる〈知・徳・体〉の整った教育が実現できるのであって、そのことが結果的に道徳教育に役立つことも多い。本来の目標を歪めない範囲で、各教科・外国語活動（小学校）・総合的な学習の時間・特別活動においても児童・生徒の道徳性の育成に最大限の努力をすることが、学校の教育活動全体で道徳教育を行うということなのである。

人間の生活と道徳という点から見て、学校における教育活動全体を通して道徳教育を進める必要性について述べてきたが、同様の理由で、道徳教育が、学校だけにとどまらず家庭や地域社会などにおいても重要であるということができる。学校と家庭・地域社会などとの連携が強調される理由もここにあろう。

3 「特別の教科　道徳」における道徳教育

道徳教育は学校の教育活動全体で行うことになっているが、小・中学校では週1時間の「特別の教科　道徳」が設置されており、この「特別の教科　道徳」を「要」とし、あらゆる教育活動を通じて進めることになっている。「特別の教科　道徳」の指導とそれ以外の全教育活動を通しての道徳指導とが道徳教育の両輪であって、両者が十分関連をもって機能することが望ましいのである。繰り返すことになるが、各教科・外国語活動（小学校）・総合的な学習の時間・特別活動の学習指導においても道徳教育を行い、そして、「特別の教科　道徳」では、学校教育全体での道徳教育を補充・深化・統合する形で道徳的な判断力、心情、実践意欲と態度を育てることになっている。

4 潜在的カリキュラムによる道徳教育

　学校における道徳教育を効果的に展開するためには，道徳教育を進めるうえで関連する物的条件の整備，環境整備も欠かすことができない。緑豊かで四季折々の花が絶えることのない環境づくりが望ましいのはいうまでもないが，学校建築そのものが道徳教育の推進に影響を与える場合さえある。また，いわゆる「潜在的カリキュラム」に対する配慮の重要性も近年指摘されてきている。「潜在的カリキュラム」とは，その概念規定や内容についての見解は多義にわたるようであるが，「一般には目に見えない形で，子どもたちに影響を与え，その経験を形づくり，方向づけていくカリキュラム」(細谷俊夫他編『新教育学大事典』，第一法規，1990) とされるものである。道徳教育においては，特に学校・学級における人間関係が重要である。児童・生徒相互の関係，児童・生徒と教師との関係，教師相互の関係などがそれである。教師と児童（生徒）との関係が，力関係で維持されている場合と，相互の信頼・愛情で維持されている場合とでは，彼らの道徳性の育成に与える影響に大きな違いが出ることは誰もが認めるところであろう。学級内部の児童（生徒）相互の人間関係も道徳性の形成にさまざまな影響をもたらしている。また，教師集団の内部の人間関係も，児童・生徒には直接関係がないようでありながら，これも多大の影響を与えているものである。その他，教師集団の教育実践に関する研究の姿勢や教師各自の人格特性も，この「潜在的カリキュラム」に含まれ，非公式なもので直接目に見えるものではないが，道徳教育推進のためには重要な要因となっている。いわゆる，その学校の教育的風土が道徳教育にとってもきわめて重視されるようになってきているのである。従来，教育実践の中でそれほど明確に意識されていなかったものが，学校という集団に対する実証的研究が進む中で，教育の成果を左右する要因であることが示されたのである。形ある目に見えるカリキュラム

（顕在的カリキュラム）の充実とともに，潜在的カリキュラムの整備充実も道徳教育を推進するうえで重要であることを忘れないようにしたいものである。

［参考文献］
　麻生　誠・原田　彰・宮島　喬『デュルケム道徳教育論入門』，有斐閣新書，1978年。
　加茂直樹・谷本光男編『環境思想を学ぶ人のために』，世界思想社，1994年。
　I. カント『道徳哲学』，白井成允・小倉貞秀訳，岩波文庫，1954年。
　I. カント『実践理性批判』，波多野精一・宮本和吉・篠田英雄訳，岩波文庫，1979年。
　中央教育審議会「21世紀を展望した我が国の教育の在り方について（中央教育審議会　審議のまとめ）」，1996年。
　中央教育審議会「幼稚園，小学校，中学校，高等学校及び特別支援学校の学習指導要領等の改善について」，2008年。
　中央教育審議会「道徳に係る教育課程の改善等について」，2014年。
　塚崎　智・加茂直樹編『生命倫理の現在』，世界思想社，1989年。
　文部科学省『高等学校学習指導要領』，2009年。
　文部科学省『小学校学習指導要領（一部改正）』，2015年。
　文部科学省『中学校学習指導要領（一部改正）』，2015年。

（小寺正一）

第2章 道徳教育の歴史

第1節 戦前の道徳教育

1 修身科の成立

「学制」の制定と修身科　明治政府は，発足間もない頃から，新しい社会にふさわしい学校教育制度創設の準備作業を進めているが，日本の近代的な学校教育制度は，明治5(1872)年8月の「学制」の頒布によって法的に整えられた。

「学制」では，初等普通教育のための学校として，下等小学（4年間）とそれに続く上等小学（4年間）を設ける，としている。下等小学の教科は，綴字，習字，算術，養生法や体術，唱歌など14科目で，上等小学ではさらに史学大意など4教科が加えられる。そして，道徳教育のための修身科が，下等小学の教科配列中の第6番目に置かれている（第27条）。中学の教科に関する規定では，下等中学・上等中学ともに「修身学」という教科が置かれている（第29条）。

初期修身科の特質　修身科という教科を置いて道徳教育を進めることは，日本に近代的な学校教育制度が創設された当初からの方針であったことがわかる。ただ，高い理想を掲げる「学制」の完全実施は当時の社会情勢では困難であったから，各府県や師範学校が実情に即した教則（カリキュラム）を作成しており，それらによると，修身を教科として独立させず，読物・

読本・問答・口授などの教科の一部とされているものもある。[1]

　文部省は,「学制」頒布の翌9月に「小学教則」を定めて初等普通教育の実施方法を示したが（明治6年5月に一部改正), そこでは, 修身科の授業は, 下等小学の第八級（第1学年の前期）から第五級（第2学年後期）の2年間に, 週2時間ないし1時間置かれているだけで, 下等小学の第四級以上2年間と上等小学には時間配当されていない。このことと修身科が教科配列で第6番目に置かれていることなどから見て, 当時の学校教育では道徳教育はあまり重視されず, 知識や技術の教育に重点を置いていたといえよう（知育偏重・徳育軽視）。これは, 当時の日本では欧米列強に追いつくための国力の充実が最優先されており, 学校教育の主たる目的もそのための近代的な知識・技術の啓蒙にあったためと考えられる。

　なお, その修身科の授業形態は「小学教則」に「修身口授（ギョウギノサトシ）」とあり, 教師の口授・説話で進められていたのである。

2　「教学聖旨」と「改正教育令」

「教育令」の制定　「学制」の制定後, 政府は国民皆教育のために, 小学校教育の普及・充実に力を入れ, 教員養成, 就学督促などもろもろの施策をとっている。しかし,「学制」の理念は, 明治初期の日本の国情や民力から見れば著しく高く, 社会の実情にそぐわない点を数多くもっていたので, 批判・不満が強かった。

　そこで政府は,「学制」の画一的で統制的な教育方針を改め, 教育行政を各地の実情に即したものとすることを主眼として,「学制」に代えて「教育令」を明治12(1879)年9月に公布した。これは, 教育行政の地方委譲と自由化に特色があり, 法令としても簡略で, 小学校教育に関する規定を主とし, 学校教育の大綱を示すにとどまっているのも, 統制的性格を排したことの表れである。修身科は, 読

書，習字，算術，地理，歴史とともに小学校の基本的教科とされているが（第3条），「学制」と比べて大きな変更があったわけではない。

「教育令」に対する批判　「教育令」制定の過程で，道徳教育のあり方に強い批判が出されている。まず，「教育令」案の元老院での審議では，佐野常民（1822-1902）が教科目の配列を改め，修身をその筆頭に置くことを主張している。佐野の考えていた修身科の具体的内容は明らかではなく，また，佐野の主張は元老院の採るところとはならなかったが，この元老院の審議とほぼ同時期の明治12年夏（9月はじめ頃），天皇から「教学聖旨」が示され，徳育の内容などについて提案があった。これは，明治9年から11年にかけての地方巡行の際の見聞に基づく天皇の教育に関する意見書で，侍講元田永孚（1818-91）が記したものである。

「教学聖旨」は，「学制」の開化主義，啓蒙主義の効用は認めながらも，その偏りを批判し，仁義忠孝に基づく道徳教育を学校教育の基礎とすることを求めている。より詳しく原文に即して見れば，学校教育では特に，「専ラ仁義忠孝ヲ明カニシ，（中略）然ル上各科ノ学ハ，其才器ニ随テ益々長進シ，道徳才芸，本末全備」することを目指すべきだと述べている。道徳教育を主（本）とし，知識・技術の教育を従（末）とすべきだというのである。さらに，「道徳ノ学ハ孔子ヲ主トシ」と，儒教に基づく道徳教育を主張している。前者は，道徳教育重視・優先を主張するものであり，後者は，道徳教育の内容を仁義忠孝の儒教道徳に中心を置くことを要求しているのである。

「教学聖旨」に示された天皇や側近（元田ら）の教育観は，それまでの「学制」を中心に進められた知識・技術教育中心の開明主義教育のあり方を真っ向から批判するものといえるであろう。

「教育令」の改正 「教育令」では，学校設置の義務，就学の督
（「改正教育令」） 促，教員の任免権，教則制定の権限などが地
方に委ねられた。ところが，教育行政の自由化によって，学校教育
の必要性を十分認識していない国民は，子弟を学校へ通わせなくな
り，地方行政当局も財政負担の軽減を図ろうとしたので，結果的に
教育の量・質両面での低下を招くこととなった。「学制」時代の奨
励・干渉によってしだいに普及しつつあった学校教育の衰退が著し
くなったのである。

そこで，そのような混乱・衰退を収拾するため，「教育令」は制
定後1年余りで，明治13(1880)年12月に改正された。この「改正教
育令」に基づいて，翌14(1881)年5月には「小学校教則綱領」が定
められた。「改正教育令」や「小学校教則綱領」は，教育に対する
統制の再強化と道徳教育重視に特徴がある。

修身教育体制の確立 「改正教育令」における道徳教育重視につ
いて見ておきたい。小学校の教科目の配
列で修身科が筆頭にあげられた（第3条）。また，「小学校教則綱領」
によれば，小学校は初等科3年，中等科3年，高等科2年の計8年
制で，全学年に修身科を置き「徳性ヲ涵養」し，「作法ヲ授ケ」る
としている。授業時数も，初等科・中等科では週6時間，高等科で
週3時間とされている。「学制」では，修身科を最初の2年間に週
1，2時間としていた点と比較しても，修身科と道徳教育重視の方
針が読み取れる。

「教育令」制定の際，元老院で修身筆頭論があり，天皇からも徳
育重視を示唆されたことは前述したが，「改正教育令」では一転し
て佐野や天皇の意見が取り入れられた形となった。

さらに，明治14年6月の「小学校教員心得」においては，心得の
第一として，「人ヲ導キテ善良ナラシムルハ多識ナラシムルニ比ス
レハ更ニ緊要ナリトス。故ニ，教員タル者ハ殊ニ道徳ノ教育ニ力ヲ

用ヒ」て指導するように、と教員に諭している。「善良」に導くことが「多識」に導くより緊要、つまり、知識・技術の教育より道徳教育を優先させよ、というのである。「改正教育令」において、初等教育の中心に道徳教育が据えられたのである。

修身教育の目的 重視された道徳教育（修身教育）の目的について、さらに検討してみたい。

明治14年4月に出された「小学修身書編纂方大意」は、修身教科書の編集基準にとどまらず、修身科の目的や授業形態まで具体的に指示している。すなわち、小学校教育の目標が「尊王愛国ノ心」の養成にあること、そのために「皇国固有ノ道理ト緊接密合シテ以テ久ク我風化ノ開進ヲ輔翼」してきた儒教を道徳教育の原理とすること、そして、「小学修身ノ教授ハ修身学ヲ研究セシムルニ非ス信用謹慎畏敬愛望ノ諸感覚ヲ誘導スルニ在リ」と規定している。また、授業については「小学ノ修身科ハ誦読ト口授トヲ兼用」し、「修身教科書ハ生徒ヲシテ之ヲ暗誦セシム」べきだとしている。ただし、ここでいう儒教道徳とは、当然、天皇制国家に適合するように翻案し作り替えられたものである。

当時、政府は、民権拡張を主張する自由民権運動を抑え、中央集権的な政治体制を確立する必要があった。そのため、翻案された儒教道徳によって天皇への忠誠心を国民にもたせることが最適と考えられたのである。明治14年7月に「小学校教員免許状授与方心得」を改正して、「碩学老儒等ノ徳望アリテ修身科ノ教授ヲ善クスル者」には「学力ノ検定」なしに修身科の教授免許を与える途を開き、教科書に関しても、儒教主義の忠孝を基本とした西村茂樹編『小学修身訓』（明治13年）や文部省編『小学修身書』（明治16・17年）を文部省が刊行するのも、尊王愛国の心をもつ国民の育成という方針に従ったものである。なお、宮内省からも明治15(1882)年には和漢の嘉言や美談を集めた『幼学綱要』が出版され、全国の小学校に下賜さ

れた。

修身科の教授法　　最後に、修身科の教授法について見ると、「小学校教則綱領」第10条に、「初等科ニ於イテハ主トシテ簡易ノ格言・事実等ニ就キ、中等科及高等科ニ於テハ主トシテ稍高尚ノ格言・事実等ニ就キ、児童ノ徳性ヲ涵養スヘシ、又兼テ作法ヲ授ケンコトヲ要ス」とある。「作法」の教授も期待されているが、基本は、格言や嘉言、そして聖賢の善行の事実に基づく徳性の涵養にあった。明治10年代はペスタロッチ主義が導入され、「開発主義」教育法が日本の教育界に影響を与えた時代であるが、児童の身辺からの道徳教育や児童の天性の開発を意図する道徳教育が主流となることはなかった。また、教師の口授から誦読・暗誦へと指導方法が変化しているのは、「小学修身書編纂方大意」で見たとおりである。

3 「学校令」と道徳教育

森有礼と「学校令」　　初代文部大臣森有礼（1847-89、明治18年12月就任）のもとで教育制度全般の見直しが行われ、明治19(1886)年に「小学校令」、「中学校令」、「師範学校令」、「帝国大学令」がそれぞれ制定された。「小学校ノ学科及其程度」（明治19年5月）の定めによると、修身科は教科目配列の筆頭に置かれているが、尋常・高等小学校ともに毎週1時間半程度の授業時間に減少している。また、修身科の指導にあたっては、「内外古今人士ノ善良ノ言行ニ就キ、児童ニ適切ニシテ且理会シ易キ簡易ナル事柄ヲ談話シ、日常ノ作法ヲ教ヘ、教員身自ラ言行ノ模範トナリ、児童ヲシテ善ク之ニ習ハシムルヲ以テ専要トス」とされている。発達段階に応じた適切で理解しやすい事例を用いて、日常生活での道徳的行為の習慣づけが修身科の目的と考えられていたようである。教科書はこのときから検定制となった（「小学校令」第13条）が、修身

用教科書には適当なものがなく，使用による弊害（暗誦や字義の解釈に偏るなど）もあるとして使用は認めていない。修身科の授業時間の削減や教科書の不採用に見られるように，「改正教育令」の儒教道徳を中心に置く道徳教育最優先の方針は受け継がれなかった。

道徳教育論争　明治20(1887)年前後はさまざまな道徳教育論が提唱された時代でもあった。道徳教育に関する政策が揺れ動いていたことも影響していると思われるが，その代表的なものについて簡単に触れておきたい。

福沢諭吉（1835-1901）は，『徳育如何』（明治15年）で，新時代の道徳教育は儒教ではなく自主自立の精神を養うことを主張している。また，『徳育余論』（同）では，学校での道徳教育の限界を指摘し，一般人民に対しては宗教（仏教）による道徳的覚醒を考えていた。

明治20年には，西村茂樹（1828-1902）の『日本道徳論』，杉浦重剛（1855-1924）の『日本教育原論』，加藤弘之（1836-1916）の『徳育方法案』などが続々と発表されている。西村は，日本の社会に「道徳の標準」確立の必要を認め，それは宗教ではなく哲学思想によって確定すべきで，具体的には儒教を主としてその中に西洋哲学を入れるべきだとしている。杉浦も，宗教による道徳教育は不可とし，世界に通用するという観点から，「理学宗」（自然科学思想）を提唱している。一方，加藤は，自らは宗教は嫌いだとしながら，一般の人民のためには宗教主義の徳育が効果的だとし，各学校に神道・儒教・仏教・耶蘇教（キリスト教）の修身科をそれぞれ置いて，信ずるところの修身科を受けさせればよいという。

このあとにも，元田永孚の「倫理教科書につき意見書」（明治21年頃）や西村茂樹の「明倫院に関する建議」（明治22年頃）など，道徳教育に関する批判や意見が出されており，道徳教育論争が繰り返されていた。

4 「教育勅語」と道徳教育

「教育勅語」の渙発　明治23(1890)年2月の地方長官会議では、道徳教育のあり方が議論された。当時は、欧化主義と国粋主義の思想上の対立や「改正教育令」と「学校令」との道徳教育方針の不一致、さらに道徳教育に関する論争などがあって、学校での道徳教育も混乱していた。事態改善のために日本「固有ノ倫理ニ基」づいた道徳教育の基本方針の確定と、教科書の選定、授業時間数増などの振興策を建議している[2]。道徳教育の基本方針確定の必要性は閣議でも論議され、まもなく天皇から「教育上の箴言を編むべし」との命が文部大臣に下り、「教育に関する勅語」（教育勅語）が、明治23年10月30日に出された。

朕惟フニ我カ皇祖皇宗國ヲ肇ムルコト宏遠ニ德ヲ樹ツルコト深厚ナリ我カ臣民克ク忠ニ克ク孝ニ億兆心ヲ一ニシテ世々厥ノ美ヲ濟セルハ此レ我カ國體ノ精華ニシテ教育ノ淵源亦實ニ此ニ存ス爾臣民父母ニ孝ニ兄弟ニ友ニ夫婦相和シ朋友相信シ恭儉己レヲ持シ博愛衆ニ及ホシ學ヲ修メ業ヲ習ヒ以テ智能ヲ啓發シ德器ヲ成就シ進テ公益ヲ廣メ世務ヲ開キ常ニ國憲ヲ重シ國法ニ遵ヒ一旦緩急アレハ義勇公ニ奉シ以テ天壤無窮ノ皇運ヲ扶翼スヘシ是ノ如キハ獨リ朕カ忠良ノ臣民タルノミナラス又以テ爾祖先ノ遺風ヲ顯彰スルニ足ラン斯ノ道ハ實ニ我カ皇祖皇宗ノ遺訓ニシテ子孫臣民ノ倶ニ遵守スヘキ所之ヲ古今ニ通シテ謬ラス之ヲ中外ニ施シテ悖ラス朕爾臣民ト倶ニ拳々服膺シテ咸其德ヲ一ニセンコトヲ庶幾フ

明治二十三年十月三十日
御名　御璽

「教育勅語」渙発後の道徳教育　文部省は、「教育勅語」渙発後、その謄本を全国の学校へ下付し、祝祭日の式典で、勅語

奉読とその「聖意諭告」を実施させた（「小学校祝日大祭日儀式規程」，明治24年6月）。また，井上哲次郎（1855-1944，東京帝国大学教授）に官撰の解釈書『勅語衍義』（明治24年9月刊）を執筆させ，勅語精神の普及を図っている。

　明治23年10月7日に「小学校令」が改正された。「教育勅語」渙発にそなえてのことと考えられるが，その第1条は「小学校ハ児童身体ノ発達ニ留意シテ，道徳教育及国民教育ノ基礎並其生活ニ必須ナル普通ノ知識技能ヲ授クルヲ以テ本旨トス」とされている。そして，明治24(1891)年11月の「小学校教則大綱」でも，「徳性ノ涵養ハ，教育上最モ意ヲ用フヘキナリ，故ニ何レノ教科目ニ於テモ道徳教育，国民教育ニ関連スル事項ハ殊ニ留意シテ教授センコトヲ要ス」（第1条）と道徳教育重視の方針を明文化し，「修身ハ，教育ニ関スル勅語ノ旨趣ニ基キ」と，修身科と「教育勅語」との関連も明示している（第2条）。また，修身科の指導内容を具体的に示したうえで，「殊ニ尊王愛国ノ志気ヲ養ハンコトヲ努メ，又国家ニ対スル責務ノ大要ヲ指示シ」とも述べられている（同前）。

　明治初期の近代的な知識・技術の受容を優先させた教育方針はまったくその姿を消し，「教育勅語」の精神に基づいた道徳教育が小学校教育の中心とされ，最優先されることになった。しだいに絶対化されつつあった天皇の「勅語」という形をとることによって，「教育勅語」は以後50余年の間，国民に一元的な価値観を教示するとともに，道徳教育の絶対的な基準となっていくのである。

　明治24年12月には「小学校修身教科用図書検定標準」が示され，それに基づいて続々と修身教科書が刊行され，27年の終わりまでに約80種を数えたという[3]。これらはいずれも「徳目基本主義および環状主義の教材配列」になっており，最初に徳目が掲げられてその徳目を説明するに適した例話や寓話が載せられ，その徳目が各学年で繰り返し取り上げられる（環状主義）構成であった[4]。

5 国定修身教科書の成立と変遷

修身教科書の国定化と第一期国定修身教科書　明治36(1903)年4月,「小学校令」の第24条が改訂され,教科書国定化の原則が定められた。これは,かねてから帝国議会で国定化の建議があったことや,教科書採択をめぐる不正を断つ必要があることがその理由と考えられる。教科書採択の不正は,明治35(1902)年12月に摘発された教科書疑獄事件(教科書採択をめぐる贈収賄事件)として現れていた。

明治37(1904)年4月から国定の修身教科書が使用されるが,この第一期の国定修身教科書は,臣民倫理がそれほど強調されていないこと,近代的職業倫理(職業の平等観・神聖観,職業選択上の配慮など)を説いていること,国際交流・外国人との交際の必要性をいうなど国際的性格の見られることに特徴がある[5]。近代的な職業倫理を強調するのは,実業学校の整備や専門学校創設などの文教政策と同様,日本の資本主義経済体制の進展に対応したものといえよう。また,国際的性格は,明治32(1899)年の改正条約実施で,外国人のいわゆる「内地雑居」が認められたことに関連したものである。

第二期国定修身教科書　明治40(1907)年3月に「小学校令」の改正があり,尋常小学校の修業年限が6年に延長され,高等小学校は2年または3年の就学とされた。この改正では修身科の基本方針や内容に関する変更はなかったが,第一期国定教科書に対する批判や制度改正に対応するため,教科書の改訂が進められ,尋常小学校では,明治43(1910)年から45(1912)年までに順次,改訂教科書の使用が開始された。

第二期の修身教科書は,「修正国定小学修身書編纂趣意書」にもあるように,忠孝の念の涵養に重点が置かれ,これに関する内容も増加している。さらに,義務教育6年制に伴って,第一期の教科書では発達段階から見て多少の困難を承知のうえで最終学年の第4学

年の内容としていた兵役・納税・議員選挙など国民の公務に関する事項を第6学年（新制度の最終学年）に移行させ，学習上の困難解消を図ろうとしている。

家族主義国家観　第二期の国定修身教科書で顕著になり，第三期以降へも受け継がれていくものに家族主義国家観がある。

日露戦争前後から，国家主義的思想に対する反発がいろいろな形で表れはじめる。その一つに家族主義的立場からの国家主義批判がある。例えば，日露戦争に一家の働き手を徴兵されては，忠は尽くせても孝は成り立たない。もし「国のために」ということで戦死すれば，残された家族は大きな犠牲を強いられる。国家への忠義と祖先・親・家族への孝行とが対立するのである。「教育勅語」にいう「君ニ忠ニ親ニ孝ニ」の忠と孝とが分裂・対立し，国家と家族との間に深い溝が生じかねない事態である。しかし，この国家と家族の対立葛藤は，国家に対する忠と家族に対する孝とを結合させた家族主義国家観で調整された。「我が国は家族制度を基礎とし国を挙げて一大家族を成すものにして，皇室は我が国の宗家なり。我等国民は子の父母に対する敬愛の情を以て万世一系の皇位を崇敬す。是れを以て忠孝は一にして相分れず」（「高等小学修身書新制第3学年用」第11課，明治43年使用開始分）とするものである。国とは家の拡大されたものであり，それゆえに「国家」と称するという論理である。国民の意識に生じつつあった国家主義と家族主義との亀裂は，この論理で縫合されはしたが，国民の関心を一方的に国家に収斂させることはしだいに困難な時代へと向かっていた。

6　大正デモクラシー期の道徳教育

第三期国定修身教科書　明治末から大正初期に日本の社会に大きな変化が現れつつあったが，大正6

(1917)年のロシア革命や,翌7年にデモクラシーを掲げて戦っていた陣営の勝利で第一次世界大戦が終結したことなどが誘因となって,日本国内にも「大正デモクラシーの時代」と呼ばれる一時期が到来する。

第三期国定修身教科書は,大正7(1918)年から学年進行で使用され,大正12(1923)年の第6学年の使用開始によって尋常小学校用のものはすべてが揃った。高等小学校用は遅れて昭和5(1930)年から,これも学年進行で使用開始されている。

第三期の国定修身教科書は,大正デモクラシーに対応して,家族主義国家観を基調としながらも公民倫理や公民としての自治意識の育成を意図しており,近代市民社会の倫理を積極的に取り入れようとする姿勢が読み取れる。また,国際協調,平和主義的色彩の強い教材も取り入れられている。が,一方では,国体精神の涵養や忠良の臣民の育成の徹底も図ろうとしている。第三期国定修身教科書も,デモクラティックな思潮や国際協調の風潮に配慮した内容を取り込んではいるが,基本的には,家族主義国家観で国家と自らを結びつけ,国家の発展に尽力する忠良の臣民の育成を目指していたと見ておきたい。

大正自由教育運動の道徳教育 　大正時代は,大正デモクラシーの思潮を背景に,子ども中心・自発的活動・個性尊重を主張する欧米の新しい教育理論や,自由教育思想に基づく教育実践が盛んであった。

大正10(1921)年8月に自由教育の論者を集めて東京で開催された八大教育主張講演会の講師は,それぞれの立場から,従来の学校教育が教科書中心の画一的な注入教育であったと批判し,児童の自発的で創造的な学習活動を教育の基本とすることを主張している。講師の一人であった小原国芳(1887-1977)は,すでに「修身教授革新論」を主張していたが,ここでは,自律的道徳の確立と,「教育勅

語」の徳目をデモクラシーの時代にふさわしく解釈する必要を説いている。また,奈良女子高等師範学校附属小学校の主事であった木下竹次 (1872-1946) は,修身科にも「創作学習」があり「人々の人格が自発的,自律的,創造的になって初めて真の道徳を完うする[6]」ことができると述べている。しかし,大正自由教育運動も帝国主義段階に入った日本社会の,特にブルジョワジーの養成に応える教育改革運動としての性格をもち,「教育勅語」の枠を超えるものではなかったから,教育方法・学習方法の改良案を示すにとどまり,忠君愛国とは異なった道徳観をふまえたものではなかった。勅語の徳目の一方的な押しつけは批判するが,「勅語は自律的立場に於て守らなければならぬと思ふ[7]」というのが多くの自由教育論者の立場であった。

7 ファシズムと道徳教育

戦時体制と第四期国定修身教科書　昭和6 (1931) 年の満州事変後,日本の社会は軍部主導のファシズム体制となる。軍国主義の体制が進むのである。昭和8 (1933) 年3月には国際連盟を脱退している。

このような情勢の中で,昭和9 (1934) 年度から第四期の『尋常小学修身書』巻一の使用が始まり,14 (1939) 年度で巻六までの改訂が完了した。第四期の国定修身教科書は,児童に親しみやすいようにそれまで以上に配慮されている。表紙は青色模様入りになっている (それまでのものは濃い灰色) し,巻一 (第1学年用),巻二 (第2学年用) は挿画がすべて色刷りとなっている。また,「編纂趣意書」にも述べられているように,命令調の禁止的表現を少なくして児童の自発性を引き出すように努め,教材の配列も,児童の生活実感に合うよう,学習時期に応じた季節のものを配置するなどの配慮がこらされている。

内容を見ると、「教育ニ関スル勅語ノ御趣旨ニ基ヅキ、忠良ナル日本臣民タルニ適切ナル道徳ノ要旨ヲ授ケ、以テ児童ノ徳性ヲ涵養シ、道徳ノ実践ヲ指導シ殊ニ国体観念ヲ明徴ナラシム」ことが編集の基本方針で、今回の改正で特に配慮した点として、「児童ノ生活ニ留意セルノミナラズ我ガ国現代ノ社会生活ニツキテモ深ク考慮セル所アリ、蓋シ現代生活ノ要求ハ、億兆一心ノ共同生活ヲ全ウスルニアリ」と述べている（編纂趣意書）。戦時体制に対応した内容となっているのである。

国民学校の発足と第五期国定修身教科書（国民科修身教科書）

昭和10（1935）年、自由主義・社会主義などの外来思想を排除し、「思想善導」、「国体明徴」を図り、時勢に即した教育刷新をすることを目的とする教学刷新評議会が設置された。この評議会からの答申に基づいて教学刷新の中央機関として設けられた教学局は、『国体の本義』（昭和12年刊）や『臣民の道』（昭和16年刊）を刊行して、日本精神作興・国体明徴に大きな役割を果たした。さらに、評議会の建議に応えて昭和12（1937）年12月に設置された教育審議会は、教育制度・教育内容・方法などについて改革案を提示した。教育改革の基本理念は「皇国ノ道」の徹底という点で一貫しており、教育制度の改革としては小学校を国民学校と改めること、教育内容に関しては皇道帰一の教育を実現するため、従来の教科の統合・総合を図ることが提案され、教育方法には「錬成」（錬磨育成）という概念が用いられている。

昭和16（1941）年3月に「国民学校令」が制定され、4月から実施されてそれまでの小学校は国民学校と改称された。教育審議会の答申の具体化である。

「国民学校令」第1条には、「国民学校ハ皇国ノ道ニ則リテ初等普通教育ヲ施シ国民ノ基礎的錬成ヲ為」すことが目的とされている。啓蒙・教授の学校から錬成・鍛えあげる学校への転換と見ることも

できよう。皇国民錬成の観点から，従来の教科は国民科・理数科・体練科・芸能科・実業科（高等科のみ）に再編され，修身は国語・国史・地理とともに国民学校の中核的な教科である国民科に統合された。国民科は，「特ニ国体ノ精華ヲ明ニシテ国民精神ヲ涵養シ皇国ノ使命ヲ自覚セシムルヲ以テ要旨トス。皇国ニ生レタル喜ヲ感ゼシメ，敬神，奉公ノ真義ヲ体得セシムベシ」（施行規則第2条）とする説明や，国民科修身の説明中に「皇国ノ道義的使命ヲ自覚セシムルモノトス」（同第3条）とあることなどから，国民学校における国民科修身の性格は理解されるであろう。

国民学校用の国定教科書は，昭和16年度に初等科第1・第2学年用の修身教科書（『ヨイコドモ・上』，『ヨイコドモ・下』）の使用が始まっている。しかし，その年の12月に日本はアメリカ，イギリスに宣戦布告し，太平洋戦争（大東亜戦争）に突入することになる。その後，昭和17(1942)年度に初等科第3・第4学年用（『初等科修身・一』，『初等科修身・二』），昭和18(1943)年度に初等科第5・第6学年用（『初等科修身・三』，『初等科修身・四』）が使用された。高等科第1学年用は昭和19(1944)年度から使用されたが，第2学年用はついに発行されなかった。これらの国民科修身教科書（第五期国定修身教科書）には，神話や天皇に関する教材がさらに増加しているし，戦時体制を反映して戦争に題材をとり，戦争体制への協力を促し，皇国民としての自覚を求めるものが数多く見られる。

戦局はしだいに悪化していき，昭和19年以降には，中等学校以上の生徒の通年動員（19年3月から），国民学校初等科児童の集団疎開，そして空襲の激化など学校教育へもその影響は直接およんでくる。昭和19年から20年夏にかけて学校教育はきわめて厳しい状況下にあり，しだいにその実質的機能を失っていった。

第2節　戦後の道徳教育の変遷

1　敗戦直後の教育改革と道徳教育

占領軍の教育改革政策　太平洋戦争は昭和20(1945)年8月15日に終結した。こののち，日本の学校教育は，教育理念の変更やそれに伴う教育制度・内容・方法の見直しなど，大改革が進められることになる。文部省は，9月に「新日本建設ノ教育方針」を出したのをはじめとして，教育を軍国主義から平和主義へ転換し，民主化することを計画していた。

しかし，占領軍は，教育改革も連合国総司令部の下での占領政策の一貫として位置づけ，それまでの極端な国家主義・軍国主義の教育を強力に排除しようとした。20年10月22日に「日本教育制度ニ対スル管理政策」を出し，「軍国主義的及ビ極端ナル国家主義的イデオロギーノ普及ヲ禁止スル」方針を示した。そこには従来の教育内容，教育関係者，教材などについての調査・改善が指示されている。それまでの日本の教育のあり方は厳しく批判され，あらためて根本的改革が求められたのである。そして，10月30日には，「教員及ビ教育関係官ノ調査，除外，認可ニ関スル件」で，軍国主義思想や過激な国家主義的思想をもつ者や占領政策に反対する者を，学校をはじめとする教育機構から排除するよう指示し，12月15日には，公的な教育機関からの国家神道排除の指示を出している。さらに，12月31日には，修身・日本歴史・地理の3教科は軍国主義的・国家主義的イデオロギーの普及徹底に利用されたとして，その授業停止と教科書・教師用書の回収を命じ，停止された教科の代行計画やそれらの教科書等の書き直し計画の提出を求めている。その後，地理と日本歴史の授業は再開が許可された（地理は21年6月29日，日本歴史は21年10月12日）が，修身は許可されなかったから，「学制」以来の修

身科，国民科修身の歴史はこの時をもって終わったのである。

戦後社会における道徳教育についても，文部省は検討し，国民科修身の停止前から，新しい道徳教育を，修身に公民的知識を結合させた公民教育（公民科）として実施しようとする案も検討され，昭和21(1946)年秋には「公民」用教師用書も作成されていた。

しかし，新憲法の下で「教育基本法」，「学校教育法」が昭和22(1947)年3月31日に公布され，翌4月1日から発足した新制の小学校・中学校には，修身科はもちろんのこと，「公民」という教科・科目もなく，公民科教育の理念は，社会科というまったく新しい教科に受け継がれていくことになるのである。

教育勅語の取り扱い　昭和23(1948)年6月19日，衆参両院は「教育勅語」の排除・失効確認を決議し，それを受けて文部省は6月25日の「教育勅語等の取扱いについて」で，「教育勅語」の完全廃止を通達し返還処置を指示した。「教育勅語」に基づく道徳教育体制は，昭和21年10月8日の通達「勅語及び詔書等の取扱について」（勅語の唯一絶対化を改め，勅語の奉読を停止し，勅語の学校保管は続けるが神格的取り扱いは廃止することなどを内容としていた）によって一応の決着を見ていたが，勅語の謄本等の返還を指示したこの通達によって，「教育勅語」による教育体制は完全に終わりを告げた。

2　全面主義道徳教育の時代

社会科と道徳教育　新教育制度における道徳教育は，そのための固有の教科（修身科のような）を置かず，教育活動のすべての面で進めるという原則をとった。そして，それまでの修身・公民・地理・歴史などの教科の内容を融合し，合理的な社会認識を育成するために新しく設けられた社会科が，道徳教育の中心的役割を果たすと考えられていた。

『学習指導要領社会科編Ⅰ』では,「社会科は,民主主義社会の建設にふさわしい社会人を育て上げようとする」教科であるとして15項目の目標をあげているが,そのうちの最初の3項目は以下のようになっている。

1 生徒が人間としての自覚を深めて人格を発展させるように導き,社会連帯の意識を強めて,共同生活の進歩に貢献するとともに,礼儀正しい社会人として行動するように導くこと。
2 生徒に各種の社会,すなわち家庭・学校及び種々の団体について,その構成員の役割と相互の依存関係とを理解させ,自己の地位と責任とを自覚させること。
3 社会生活において事象を合理的に判断するとともに,社会の秩序や法を尊重して行動する態度を養い,(中略)正義・公正・寛容・友愛の精神をもって,共同の福祉を増進する関心と能力を発展させること。

これらはいずれも合理的な社会認識の育成を目指すものであるが,同時に道徳教育の目標として見ることもできるものである。

このようにして出発した戦後の道徳教育であるが,まもなく,道徳教育固有の教科の必要性を主張するなどの道徳教育強化論が現れてくる。昭和25(1950)年11月7日の全国教育長会議で,文部大臣天野貞祐(1884-1980)が,新しい道徳基準としての国民実践要領制定の必要や,修身科の復活を表明したのもその一例である。

全面主義道徳教育の主張 しかし,特別の教科を設けず学校の教育活動全体を通じて道徳教育を進める立場(いわゆる全面主義道徳教育の立場)を守り,修身科のような道徳教育固有の教科設置には反対する主張も根強かった。昭和25年9月発表の第二次アメリカ教育使節団の報告書でも,「道徳教育は,全教育課程を通じて,力説されなければならない」(『報告書』「7.その他教育上の重要な諸

問題」)と述べ,全面主義道徳教育の徹底を求めている。

　さらに,昭和26(1951)年1月の教育課程審議会の「道徳教育振興に関する答申」でも,「一般方策」の第2項で道徳教育振興の方法として,「道徳教育を主体とする教科あるいは科目を設けることは望ましくない」,「社会科その他現在の教育課程に再検討を加え,これを正しく運営することによって,実践に裏付けられた道徳教育を効果的に行い得るものと信ずる[9)]」と述べて,全面主義道徳教育を主張している。

　この答申を受けて作成された文部省の「道徳教育振興方策」(26年2月)や「道徳教育のための手引書要綱」(同4月,5月)でも,同様の考えが示されている。そして,昭和26年7月には『学習指導要領』の一般編,社会科編が改訂されたが,そこでも,道徳教育を「学校教育のあらゆる機会をとらえ」,「学校教育の全面において」行うという方針は変更されなかった。

　昭和27(1952)年4月に対日講和条約が発効し,日本は占領体制から解放されるが,この頃より道徳教育の充実・徹底を望む声は一段と強くなる。昭和30(1955)年には『学習指導要領』の社会科編が単独で改訂され,道徳教育,地理教育強化の方向が示されたが,全面主義道徳教育の方針に変更はなかった。「道徳的な判断力や実践力というものは,歴史,地理,その他いろいろな観点からとらえた社会についての理解に裏づけられてこそ,初めて真に生き生きとした力強いものになるといえる」と,道徳教育を社会科とより強く結びつけようとする意図すら見られ,「道徳教育という一つの観点から考えても,知識と行動,さらに心情などが,ばらばらになることなく,これらが真に児童の統一ある人格として形成されていくには,あまり狭い分野に固定した教科目の中で児童にとって受動的な学習が行われるよりは,かれらみずからが広く社会に対する知見を深めつつ,自己の生活態度についての反省や望ましい心情,習慣の形成

ができていくような学習のほうが有効である」と述べられている（第一章）。戦後の新教育制度発足当初よりこの昭和30年頃までは，生活指導を指導方法の中心に置いた全面主義道徳教育の時代といえよう。

しかしながら，道徳教育の充実を求める声は強く，それは道徳教育のための学習時間の設置という形をとってまもなく実現することになる。

3 道徳の時間の特設

道徳の時間設置の経緯　　昭和31(1956)年3月，文部大臣清瀬一郎（1884-1967）は，教育課程審議会に対して，教育課程の改訂，特に道徳教育のあり方について諮問した。翌32(1957)年9月にも，文部大臣松永東(とう)（1887-1968）は，教育課程審議会に，新しい国際情勢の中で，日本人の育成を主眼とした道徳教育の充実を目指す教育課程の改善について諮問している。

審議会は32年11月に「小・中学校における道徳教育の特設時間について」を中間的な結論として発表し，道徳教育のための時間を特別に設置する必要があるとした。この見解は33(1958)年3月15日の審議会の答申に盛られた。「道徳教育の徹底については，学校の教育活動全体を通じて行うという従来の方針は変更すべきではないが，さらに，その徹底を期するために，新たに，道徳の時間を設け，毎学年，毎週継続して，まとまった指導を行うこと」とされ，その時間は，小・中学校とも「毎学年，毎週一時間以上とし，従来の意味における「教科」としては取り扱わないこと」となっている。[10]

答申が出た直後の3月18日に，文部省は「小学校・中学校における「道徳」の実施要領について」を通達し，昭和33年度から道徳の時間を特設し，道徳指導の充実を図るよう指示した。そして翌日付けの灘尾弘吉(ひろきち)（1899-1994）文部大臣の談話には，特設は，「道徳教

育振興に対する社会の要望にこたえ，真に，世界の人々から敬愛されるような品位ある日本人を育成せんとする趣旨に外ならない[11]」とあり，特設が，道徳教育の充実を望む社会的要請に応えたものであることを示唆している。

道徳の時間の基本的性格　通達には「小学校「道徳」実施要綱」，「中学校「道徳」実施要綱」が付記されているが，そこでは，これまで道徳教育を全面主義で進めてきたが，実績を見るに十分効果を上げていないので，不十分を補い，徹底を図るために道徳の時間を設ける，としたうえで，次のような説明をしている[12]。

　　道徳の時間は，児童生徒が道徳教育の目標である道徳性を自覚できるように，計画性のある指導の機会を与えようとするものである。すなわち，他の教育活動における道徳指導と密接な関係を保ちながら，これを補充し，深化し，または統合して，児童生徒に望ましい道徳的習慣・心情・判断力を養い，社会における個人のあり方についての自覚を主体的に深め，道徳的実践力の向上をはかる。

　　道徳の時間においては，児童生徒の心身の発達に応じ，その経験や関心を考慮し，なるべく児童生徒の具体的な生活に即しながら，種々の方法を用いて指導すべきであって，教師の一方的な教授や単なる徳目の解説に終わることのないように，特に注意しなければならない。

　　道徳の時間における指導は，学級を担任する教師が行うものとする。これは，児童生徒の実態を最もよく理解しているということと，道徳教育を全教師の関心のもとにおくということ，また道徳教育には，常に教師と児童生徒がともに人格の完成を目ざして進むという態度がきわめてたいせつであるということなどによるものである。

特設当初の道徳の時間の基本的性格や指導の原則などが理解されるであろう。なお，昭和33年度は，教育課程の基準として示されている「教科以外の活動」，「特別教育活動」の時間の中から毎週1時間を削り，これを道徳の時間にあてるとされている。
　そして，8月28日の「学校教育法施行規則」の改正によって，道徳の時間は法的にも裏づけられた。同日付けで，小・中学校の『学習指導要領　道徳編』も出され，「道徳の時間の実施は昭和33年9月1日から」と明記された。公式には，昭和33年度の二学期から道徳の時間が小・中学校で実施されることになったのである。さらに，文部省は，9月6日の東京を皮切りに，道徳教育指導者講習会を各地で開催したり，『道徳指導書』を刊行（小学校編，中学校編とも9月刊）するなど，道徳の時間の定着のための施策を打ち出している。

『学習指導要領　道徳編』　前述の「小学校「道徳」実施要綱」，「中学校「道徳」実施要綱」に示された基本的な事項に関する部分はそれぞれの『学習指導要領　道徳編』に，指導的・示唆的な部分は『道徳指導書』に入れられている。『小学校学習指導要領　道徳編』に示された道徳教育，道徳の時間の目標は次のようになっている。

　　人間尊重の精神を一貫して失わず，この精神を，家庭・学校その他各自がその一員であるそれぞれの社会の具体的な生活の中に生かし，個性豊かな文化の創造と民主的な国家および社会の発展に努め，進んで平和的な国際社会に貢献できる日本人を育成することを目標とする。
　以上の目標を達成するため，道徳の時間においては，次の具体的な目標のもとに指導を行う。
　　1　日常生活の基本的な行動様式を理解し，これを身につけるように導く。

2 道徳的心情を高め，正邪善悪を判断する能力を養うように導く。
3 個性の伸長を助け，創造的な生活態度を確立するように導く。
4 民主的な国家・社会の成員として必要な道徳的態度と実践意欲を高めるように導く。

また，指導内容としては，36項目を上記の目標に対応させる形で次の四つの柱に分けて示している。

(1) 主として「日常生活の基本的行動様式」に関する内容（6項目）
(2) 主として「道徳的心情，道徳的判断」に関する内容（11項目）
(3) 主として「個性の伸長，創造的な生活態度」に関する内容（6項目）
(4) 主として「国家・社会の成員としての道徳的態度と実践意欲」に関する内容（13項目）

中学校の目標は，小学校の目標の前半部分のみに簡略化され，道徳の時間の具体的目標を項目に分けて具体的に明記されることはなかった。内容は，次の三つの領域に分け，21項目配列している。

(1) 日常生活の基本的な行動様式をよく理解し，これを習慣づけるとともに，時と所に応じて適切な言語，動作ができるようにしよう。（5項目）
(2) 道徳的な判断力と心情を高め，それを対人関係の中に生かして，豊かな個性と創造的な生活態度を確立していこう。（10項目）
(3) 民主的な社会および国家の成員として，必要な道徳性を発達させ，よりよい社会の建設に協力しよう。（6項目）

道徳の時間の指導　　　　　　『道徳指導書』では，道徳の時間の指導を効果的にするために，「道徳の時間の指導については組織的発展的に指導しうるように周到な計画を立てる」ことと，「道徳性の内面化を図ること（道徳性を自己の自覚として主体的にとらえ，また，身につけていくように指導すること）」が「肝要である」としている（第1章第1節）。道徳教育をより計画的に行うことと道徳性の内面化を図ることが，道徳の時間設置のねらいといってよいだろう。さらに，『道徳指導書』では，道徳の時間が「戦前の修身教育がともすれば陥りがちであったように，固定的な計画を押しつけたり，徳目の一方的注入をねらったりするものでもなければ」と，徳目主義の道徳教育ではないことを断ったうえで，「単に児童の身辺に生ずる日常的・断片的な事象や問題のそのつどの解決に主力を注ぐというだけのものでもないのである」と，問題解決的な生活指導の時間ではないことを明らかにしている（第1章第2節）。

なお，『道徳指導書』では，実際の指導上の参考として，各学年ごとの指導案と指導記録を示しているが，そこには，主題名，主題設定の理由，ねらい，導入・展開・終末と区切った学習指導過程，指導上の留意点に関連する項目が示されている。道徳の時間の指導計画（学習指導案）の大枠がここで示されたのである。

特設当初の授業の実態　　　　　　『道徳指導書』などでは，道徳の時間は，学校の全教育活動を通じて行う道徳教育を補充・深化・統合し，他の教育活動と交流するための，また，道徳教育をより計画的・系統的に指導するための特設時間であることが繰り返し強調されている。しかし，上述のような経緯の中で，昭和33年度から，道徳教育がそれまでの全面主義から特設主義へと大きく転換したといってよいであろう。

新設された道徳の時間は，教科ではないから，当然教科書はなく，『学習指導要領』の示す目標や内容を実際の具体的授業に進めるま

での過程は，大部分が各学校や各指導者に任された。指導者一人ひとりの裁量範囲は広く，個性的な授業，児童・生徒の生活実態に即した授業が期待できるが，その反面，教材研究，指導法の研究など，指導者の負担も大きくなる。指導にあたる教師が戸惑いを感じることもあったようである。

4 道徳の時間の充実策

教課審「充実方策について」　特設道徳の時間は，全国的に見れば積極的に取り組まれたとはいえず，必ずしも十分な効果を上げていないとして，昭和38(1963)年7月，教育課程審議会は「学校における道徳教育の充実方策について」を答申した。そこでは，道徳教育の現状と問題点を述べたうえで充実策を示しているが，その具体的充実方策8点を要約すれば，以下のようになる。[13]

(1) 目標内容の具体化＝指導しやすいように指導の具体的なねらいや重点を明確に示す。
(2) 教師用の資料等＝教師用の指導資料を豊富に提供し，指導方法を解説する。
(3) 児童生徒用の読み物資料＝児童生徒にとって道徳の読み物資料の使用が望ましい。
(4) 教員養成の改善＝道徳教育の基盤となる諸科目を必修させ，指導力の充実を図る。
(5) 現職教育の充実＝組織的・計画的な現職教育のいっそうの充実を図る。
(6) 校内体制の確立＝校内体制を確立し，道徳教育に対する意欲や関心を盛り上げる。
(7) 家庭や社会との協力＝学校の道徳教育が家庭・社会と連携協力できるよう配慮する。

(8) 教育委員会などにおける指導の強化＝指導体制の徹底・強化のための措置を講ずる。

道徳の指導資料の刊行　　この答申を受けて，文部省は，昭和39(1964)年から41(1966)年にかけて，小・中学校の学年別の「道徳の指導資料」を刊行し，各学校に教師用として配布するなど，道徳教育充実のための施策を続けた。昭和39年2月1日付けの文部省通達「道徳の指導資料について」では，刊行について次のように述べている。

　　過去5年間の道徳の時間の実施状況をみると，充分その効果を発揮しているとはいえない。しかしそれは教師の熱意や指導力だけの問題ではなく，真剣に道徳の指導に取り組んでいる多くの教師にとっても，具体的効果的な指導計画の作成の仕方や，適切な教材の選定に種々の困難があることも大きな原因である。
　　（そして，教育課程審議会の「学校における道徳教育の充実方策について」の第2項——教材選定の必要を述べている——に言及したうえで）
　　この指導資料は，このような要請に応じて，各種の指導案や古今東西にわたる名作，童話，伝記などの読み物資料，説話資料を集録し，各学校における道徳指導の参考例を提供しようとするものである。各学校においては，この資料を活用して，創意と工夫を加え学校の実情にふさわしい道徳指導の充実をはかることを期待してやまない。

読み物資料中心の授業　　道徳の時間の学習形態は，特設当初は全面主義道徳教育時代の流れのままに，生活指導的発想も強く，児童・生徒の日常生活を直接題材にするものが主流であったが，前述の教育課程審議会の答申に，「いわゆる

生活指導のみをもって足れりとするなどの道徳教育の本質を理解していない意見もあり」と指摘され,「道徳的な判断力や心情を養い,実践的な意欲を培うために,児童生徒にとって適切な道徳の読み物資料の使用が望ましい」とされたこともあって,昭和40(1965)年前後から,道徳性の内面化に有効と考えられる文学作品・童話・伝記や児童・生徒の作文などの読み物資料を中心に据えた授業形態に変化している。児童・生徒の生活と類似の内容をもつ読み物資料によって自らの生活を振り返らせ考えさせる型の指導が主流になっていくのである。

5 道徳の時間の史的展開

昭和40年代の道徳教育　昭和43(1968)年に小学校の,翌44(1969)年には中学校の『学習指導要領』の改訂が行われた。小学校ではそれまでの36項目の内容が32項目に整理・統合され,中学校の内容も21項目から13項目(ただし,1項目2本立て)に編成された。ただ,それらの内容項目を,昭和33年版のように,いくつかのグループにまとめ,区分して示すという形式はとられなかった。道徳の時間の基本的な性格や役割には大きな変更はないが,「目標」で,昭和33年版では「……できる日本人を育成することを目標とする」となっていた箇所が,「……できる日本人を育成するため,その基盤としての道徳性を養うことを目標とする」と変更されている。「道徳性を養う」という語を入れることによって,道徳教育が人格形成の基礎的・基盤的役割をもつことを明確にしたものといえよう。

各学校では道徳の時間の研究実践が進められ,道徳の時間の重要性もしだいに認識されていったが,修身科復活として反対する立場,生活指導(生徒指導)で道徳教育はできるから道徳の時間は不要とする意見も根強く,すべての学校で道徳の時間が実質的に指導され

ていたわけではない。

昭和50年代の道徳教育　昭和51(1976)年12月，教育課程審議会は「教育課程の基準の改善について」を答申し，改訂の基本方針として，

(1) 人間性豊かな児童生徒を育てること。
(2) ゆとりのあるしかも充実した学校生活を送れるようにすること。
(3) 国民として必要とされる基礎的・基本的な内容を重視するとともに，児童生徒の個性や能力に応じた教育が行われるようにすること。

をあげ，そして道徳教育については，次のように述べている。

> その基本的な理念や基準として示す内容等はおおむね現行どおりとするが，学校教育のおかれている現状にかんがみ，特に，日常の社会規範を遵守する態度の育成を図ること，現在の社会状況において特に涵養しなければならない徳性，例えば自主自律と社会連帯，勤労の尊重，自然愛・人間愛や奉仕の精神，規律と責任，愛国心と国際理解等，更には，人間の力を越えたものに対する畏敬の念を育成するなどを一層重視しながら，道徳，各教科及び特別活動の相互の関連的な指導によってその徹底を図る事が必要である。
>
> このため，小学校及び中学校における実際の指導に当たっては，校内における人間関係を深め，かつ，日常生活におけるしつけの指導をはじめとする道徳的な実践の指導を充実させることなどに特に留意しなければならない。

審議会の答申に基づいて，昭和52(1977)年に小・中学校の『学習指導要領』が改訂され，道徳教育の指導内容が小学校は28項目，中

学校は16項目に改められた。小学校，中学校ともに，道徳教育を進めるにあたって「道徳的実践の指導」の徹底が求められ（総則），道徳の時間の目標として「道徳的実践力の育成」があげられた。この道徳的実践力とは『小学校指導書　道徳編』では，「ひとりひとりの児童が道徳的諸価値を自己の自覚として主体的に把握し，将来出会うであろう様々な場面，状況においても，価値を実現するための最も適切な行為を選択し実践することが可能となる内面的資質」を意味する，とし，『中学校指導書　道徳編』では，「一人一人の内面に道徳性を育てていくことによって育成される，道徳的実践につながる力の意味である」という。「道徳性の内面化」から「実践につながる力」を育成することへ——道徳の時間の目標がより実践的なものへと変化してきたということができよう。

中学校の道徳の時間の目標に，「人間としての生き方の自覚を深め」ることが道徳的実践力の育成と並んで掲げられたことも新しい点である。昭和44年版に「人間性についての理解を深める」とあったものを，より主体的な意味で発展させたものといえよう。発達段階から見て，中学生は青年前期に位置し，心身の成長とともに人間としての望ましい生き方について考えはじめる時期であることをふまえた目標設定であり，この点で小学校の道徳の時間との違いが明確になっている。

6　平成の時代の道徳教育

臨教審答申と教課審答申　臨時教育審議会（昭和59年8月発足）は，昭和62(1987)年8月に最終答申を出した。また，それと並行して続けられていた教育課程審議会も，同年12月に答申を出した。いずれも21世紀を視野に入れた教育改革の方向を示すものとされる。

「臨時教育審議会」は昭和60(1985)年から62年にかけて4次の答

申を出しているが，それは，21世紀を間近に控えて，「近代教育百年の成果と限界を改めて冷静に評価，反省するとともに，21世紀の社会が教育にもたらすであろう可能性と問題点を見据えながら，教育の在り方を根本的に見直し，新たな観点から必要な改革の方策」を提言するものであるとしている。

そして，教育改革の必要性として，①成熟化の進展（「明治以来の追い付き型近代化の時代を終えて，先進工業国として成長から成熟の段階に入りつつある」＝社会の成熟化），②科学技術の進展，③国際化の進展，をあげ，教育改革の視点として，

(1) 個性重視の原則（画一的・硬直的な教育を排し，社会の変化に積極的かつ柔軟に対応していくための「創造性・考える力・表現力」の育成などのため）

(2) 生涯学習体系への移行（学校教育の自己完結的な考えから脱却し，学習需要の高度化・多様化や，社会の変化に伴って現れる新しい学習需要に対応するため）

(3) 変化への対応（特に国際化・情報化への対応）

をあげている（引用は臨教審の「教育改革に関する第四次答申（最終答申）」より）。

一方，「教育課程審議会」の昭和62年12月の答申（「幼稚園，小学校，中学校及び高等学校の教育課程の基準の改善について」）も，21世紀に向けての教育の基本方針を示したとされるものであるが，その基本方針は次のような4項目として示されている。

(1) 豊かな心をもち，たくましく生きる人間の育成を図ること。

(2) 自ら学ぶ意欲と社会の変化に主体的に対応できる能力の育成を重視すること。

(3) 国民として必要とされる基礎的・基本的な内容を重視し，個

性を生かす教育の充実を図ること。
(4) 国際理解を深め，我が国の文化と伝統を尊重する態度の育成を重視すること。

　二つの答申の指摘するところは一致している。今，日本の社会は大きな変換期にあるという認識の下に，教育の現状をふまえ，時代の進展に対応できる教育の改革の必要性を強調しているのである。

　平成元年版『学習指導要領』　平成元(1989)年，『学習指導要領』の第5次の改訂が行われた。道徳教育の教育課程上の位置づけは，道徳教育を学校の教育活動全体を通じて行うことや，道徳の時間が教科ではなく特設時間としてクラス担任が学習指導することなどの基本的事項は従来どおりで方針に変化はない。

　「道徳」の内容については，総合的・有機的な学習指導を進めるという観点から，全体が四つの視点で「再構成」された。内容を児童・生徒の発達特性に応じて効果的な学習が展開できるように「重点化」して示していることも，この改訂の特徴の一つといえよう。

　他領域における道徳教育の重視　他領域での道徳教育について見ると，各教科・特別活動においても，それぞれの特質に応じて道徳教育を進めることが一段と重視されてきている。

　各教科における道徳教育であるが，例えば，小学校の低学年に新設された生活科では，具体的な体験や活動を通して基本的な生活習慣を習得させることが求められているし，国語科においても，道徳性を養うに有益な教材が取り入れられるように指示している。従来から学校教育のすべての面での道徳教育が進められていたが，従来以上に各教科・領域での道徳教育と道徳の時間の有機的関連が求められ，各教科・領域での指導においても，道徳教育の充実のために配慮することが従来より強く打ち出されているように思われる。その立場に立つ代表的な主張が「総合単元的な道徳学習」論である。

諸計画の立案　道徳教育の諸計画についても，具体的に学校ごとに道徳教育の「全体計画」と「道徳の時間の年間指導計画」作成を指示した。学校教育を進めるうえで，計画の立案は当然のことであるから，この両計画の作成は従来から当然求められていたのであるが，『学習指導要領』に「学校においては(中略) 道徳教育の全体計画と道徳の時間の年間指導計画を作成するものとする」と明記されたことの影響はきわめて大きいものであった。また，『道徳指導書』で学級における指導計画について詳しく説明している。

　豊かな心をもち，たくましく生きる人間の育成　『学習指導要領』では，道徳教育の目標として，「生命に対する畏敬の念」や「主体性のある」日本人の育成についても新しい記述をしているが，これらを含めて，この『学習指導要領』は，21世紀に対応した道徳教育のあり方として，豊かな心をもち，たくましく生きる人間の基盤としての道徳性の育成を目指している，ということができる。

　小学校は平成4(1992)年度，中学校は平成5(1993)年度から，この『学習指導要領』に基づく教育が実施された。

　中央教育審議会答申　平成8(1996)年7月に第15期中央教育審議会の第1次答申が出された。答申では，国際化や情報化の進展，科学技術の発展，環境問題への取り組みの必要性，少子化・高齢化の急速な進展などの社会の変化に対応する必要性が述べられている。また「男女共同参画社会」づくりも重要な社会的課題という。そして，そのような社会の変化に教育が「的確かつ迅速に対応していくことは，極めて重要な課題」としている。

　また答申では，「子供たちの生活の現状」についても，ゆとりのない生活であり，社会性の不足や倫理観に問題のあることなどを指摘するとともに，過度の受験競争やいじめ・登校拒否の問題などの解決が教育の緊急課題であるとの認識を示している。

そして、これからの学校教育のあり方として、「ゆとり」のある教育環境で「ゆとり」のある教育活動を展開して自ら学び自ら考える力など「生きる力」の育成、教育内容の厳選と基礎・基本の徹底、一人ひとりの個性を生かすための教育の改善、豊かな人間性とたくましい体をはぐくむための教育の改善、横断的・総合的な学習の推進(「総合的な学習の時間」の提言)、などを答申した。また、学校・家庭・地域が相互に連携して進めるという「今後の教育のあるべき姿を実現する有効な方途」として、完全学校週五日制の実施も提言した。

なお、答申で一躍注目されることとなった「生きる力」については、変化の激しいこれからの社会をたくましく生きる資質や能力とし、次のように説明している。

> 我々はこれからの子供たちに必要となるのは、いかに社会が変化しようと、自分で課題を見つけ、自ら学び、自ら考え、主体的に判断し、行動し、よりよく問題を解決する資質や能力であり、また、自らを律しつつ、他人とともに協調し、他人を思いやる心や感動する心など、豊かな人間性であると考えた。たくましく生きるための健康や体力が不可欠であることは言うまでもない。我々は、こうした資質や能力を、変化の激しいこれからの社会を［生きる力］と称することとし、これらをバランスよくはぐくんでいくことが重要であると考えた。(第1部)

教育課程審議会答申 平成8年8月に文部大臣から「教育課程の基準の改善」について諮問を受けた教育課程審議会は、前述の中央教育審議会の第1次答申やその後の中教審の数次にわたる答申に留意しながら、約2年にわたる審議を経て、平成10(1998)年7月に答申した。それは、子どもの現状や教育課程実施の現状と教育課題などについての論議をもとに、今後予想

される激しい社会の変化に対応できる「生きる力」の育成を基本に据えた内容となっている。そして答申では「教育課程の基準の改善のねらい」として、次の4点をあげている。

① 豊かな人間性や社会性、国際社会に生きる日本人としての自覚を育成すること。
② 自ら学び、自ら考える力を育成すること。
③ ゆとりのある教育活動を展開する中で、基礎・基本の確実な定着を図り、個性を生かす教育を充実すること。
④ 各学校が創意工夫を生かし、特色ある教育、特色ある学校づくりを進めること。

答申では、これらの「改善のねらい」をもとに、完全週五日制の学校の教育課程や授業時数や各教科等の内容などが具体的に示されている。特に注目すべきは中教審で提言された「総合的な学習の時間」の創設で、小学校第3学年から高等学校までに設置する、としている。

平成10年版『学習指導要領』 教育課程審議会の答申に基づいて、小・中学校の『学習指導要領』と幼稚園の『教育要領』が平成10年12月に出された（高等学校と盲聾養護学校の『学習指導要領』は翌11年3月）。

道徳教育に関する箇所について見ると、まず道徳教育の目標が（これまでは第3章で示されていたが）第1章の総則で示された。道徳教育を学校の教育活動全体で進める必要性がより強調されたといえる。

また、道徳の時間の目標に「価値の自覚を深める」という文言が加えられた。従来から、道徳の時間は道徳性の内面化を図る時間とか、道徳的価値の主体的自覚の時間とされていたから、この文言の付加はまったく新しい目標の設定ということではないが、この『学

習指導要領』の改訂で体験的な学習の重視や「総合的な学習の時間」が創設されたことに関連して，道徳の時間の特質を一段と明確にしておく意図がある，と考えられる。道徳の時間は体験活動を中心に据える時間ではないということである。

　道徳の内容を見ると，小学校の低学年では，基本的な生活習慣や善悪の判断力の定着が強調されている。また，集団や社会とのかかわりに関するところで，郷土に関する内容まで拡大されている。中学年では，わが国の文化や伝統に親しみ，国を愛する心に加えて，「外国の人々や文化に関心をもつ」という内容が登場した。日本社会の国際化に対応するものといえるが，直接的には「総合的な学習の時間」の学習課題の一つとして国際理解があげられたことと関連しているのであろう。高学年では，創意工夫や進取の精神に関する項目に「真理を大切にし」という文言が付加されている。

　中学校では，集団や社会とのかかわりに関するところで，遵法，権利義務，社会規律，公徳心，社会連帯，正義，公正公平などに関する項目が2項目から3項目に改訂された。集団や社会の一員としての自覚をもち，理想の社会実現に努めるという視点が強められた，と見ることができる。

　また，指導計画の作成に「校長をはじめ全教師が協力して」あたることが明記された。道徳の時間の指導においても，「校長や教頭の参加，他の教師との協力的な指導」を工夫し，指導体制を充実するよう求めている。さらに，家庭や地域社会の人々との共通理解を深め，積極的な相互連携で道徳教育を進めるよう強く求めている。

第3節 「改正教育基本法」のもとでの道徳教育

1 「教育基本法」の改正と「学校教育法」の一部改正

「改正教育基本法」　　昭和22(1947)年に「教育基本法」が制定されて約60年，教育をとりまく環境は大きく変わったとして，平成18(2006)年12月に「教育基本法」が改正された。

「人格の完成」や「個人の尊厳」などの普遍的な理念は大切に継承しつつ，「知・徳・体の調和がとれ，生涯にわたって自己実現を目指す自立した人間」の育成，「公共の精神を尊び，国家・社会の形成に主体的に参画する国民」の育成，「我が国の伝統と文化を基盤として国際社会を生きる日本人」の育成などにも配慮した，新しい時代の教育の基本理念を示すものとして改正されたのである。

前文では，公共の精神，豊かな人間性と創造性，伝統の継承などの文言が新しく加えられている。

また，第1条に示す教育の目的を受けて，旧法では，「教育の方針」となっていた第2条を「教育の目標」として，

1　幅広い知識と教養，豊かな情操や道徳心，健やかな身体
2　能力の伸長，自主・自律の精神，職業との関連の重視
3　正義と責任，男女の平等，自他の敬愛と協力，公共の精神に基づく社会参画
4　生命や自然の尊重，環境の保全
5　伝統と文化の尊重，我が国と郷土を愛し，他国を尊重，国際社会の平和と発展に寄与

の5項目をあげている（要約・筆者）。

第1項目は教育の柱としての「知・徳・体」をいうものであるが，

第2項目以下は道徳教育の目標といえるものであり，生命や自然の尊重，環境の保全などの今日的課題とともに，職業，男女の平等，自他の敬愛，公共の精神，郷土愛・愛国心，国際社会の平和・発展などに言及し，人格の完成や個人の尊厳などとともに，公共性・社会性の育成にも配慮したものと見ることができる。「個」と「公」のバランスのとれた教育を目指すというものである。

「学校教育法」の一部改正　「教育基本法」の改正を受けて「学校教育法」も，平成19(2007)年6月に一部が改正され，新たに義務教育の目標が10項目で示されている。

道徳教育に直接関連すると思われるものを要約すると，「規範意識，公共の精神に基づき主体的に社会の形成に参画する態度の育成」，「伝統と文化を尊重し，それらを育んできた我が国と郷土を愛する態度の育成」，「他国を尊重し国際社会の平和と進展に寄与する態度の育成」，「生命及び自然を尊重する精神，環境の保全に寄与する態度の育成」などが示されている。

ここでも，いわゆる社会性・公共性に関することが強調されている。

昭和22年の「教育基本法」では，戦中の教育に対する反省もあって，社会性に関する内容は強く打ち出されていなかったが，「個」と「公」のバランスのとれた教育の目指すところを具体的に示したものである。

教育再生会議の最終報告　平成20(2008)年1月31日に，教育改革の方向性の検討を続けていた「教育再生会議」の最終報告が示された。そこでは，徳育を「教科」として充実させ，自分を見つめ，他を思いやり，感性豊かな心を育てるとともに，人間として必要な規範意識を学校でしっかり身に付けさせることや，家庭・地域・学校が協力して「社会総がかり」で，心身ともに健やかな徳のある人間を育てることを提案している。

報告に示された徳育の「教科」化案は多くの国民の関心を呼び、教育関係者の間でも賛否両論があったが、中央教育審議会の答申には反映されず、平成20年3月の『学習指導要領』の改訂では「道徳の時間」が教科化されることはなかった。

2 中央教育審議会の答申

中央教育審議会は平成20年1月17日に「学習指導要領等の改善について」の答申を出している。平成10(1998)年版の『学習指導要領』の改訂時期をむかえての答申であるが、今回は、前述した「教育基本法」や「学校教育法」の一部改正をふまえてのものである。

子どもたちの現状と課題 道徳教育に直接関係するところを見ると、教育的課題とその対応という点で、次の3点に注目したい。

(1) 自分に自信がもてず、将来や人間関係に不安を感じているので、他者、社会、自然環境とのかかわりの中で、共にこれらと生きる自信をもたせる必要がある、としている点。
(2) 自分や他者の感情や思いを表現したり受け取ったりする力が乏しいので、道徳教育、道徳の時間においてもコミュニケーション能力、言語力を付けることに配慮する必要がある、としている点。
(3) 家族以外の大人や異年齢の子どもたちとの交流、自然体験などが不足しがちなので、自然体験活動、職場体験活動、奉仕体験活動などの機会を増やす必要性がある、としている点。

また、社会全体や家庭・地域の変化、家庭・地域の教育力の低下からくる課題（問題点）として、「自制心や規範意識の希薄化」、「生命尊重の精神の希薄化」、「基本的生活習慣の未確立」、「人間関係形成能力の弱体化」などがおきているとし、道徳教育の一層の充実と、

課題に見合った内容の重点化を図るべきだとしている。

3　平成20年の『学習指導要領』の改訂

改訂の基本的考え方　　改訂の基本としては，次の3点を押さえておきたい。

(1) 「教育基本法」の改正等で明確になった教育の理念を踏まえて平成10年版で打ち出した「生きる力」の育成という理念を継承する。
(2) 知識・技能の習得と思考力・判断力・表現力等の育成のバランスを重視，授業時数の増加を図る。
(3) 道徳教育や体育などの充実により，豊かな心や健やかな体の育成を図る。

改訂の要点　　以下に挙げるとおり，道徳教育の充実が強く求められた改訂といえる。

(1) 道徳教育の目標として，第1章総則で，伝統や文化，公共の精神の尊重，国際社会の平和や環境の保全などについて新たに規定している。
(2) 道徳教育は，道徳の時間を要(かなめ)として行うものであることを明記している。
　　道徳の時間が道徳教育の全体をまとめ，束ねる機能・役割をもつということを示したのである。
(3) 各教科等で，それぞれの特質に応じて（第3章に示す）道徳の「内容」を適切に指導する必要性を明記している。
(4) 道徳の時間の目標の記述が充実している。
　　小学校では，「自己の生き方についての考えを深め」を加え，道徳的価値の自覚とともに，自己の生き方についても考

えを深めることを重視している。また，中学校では，「人間としての生き方についての自覚を深め」の前に，「道徳的価値及びそれに基づいた人間として……」とし，趣旨を一層明確に示している。

(5) 内容（第3章第2節）の改善を図っている。

　小学校1・2学年で勤労に関する内容（「働くことのよさを感じて，みんなのために働く」），3・4学年で個性の伸長に関する内容（「自分の特徴に気付き，よい所を伸ばす」）を，中学校では，感謝に関する内容（「多くの人々の善意や支えにより，日々の生活や現在の自分があることに感謝し，それにこたえる」）を加えている。

　また，全体を通して生命の尊重，規範意識の涵養，勤労・社会貢献などが重要視されており，自主的に社会の発展にかかわるという意識の育成を，という視点も重視した改善が図られている。

(6) 校長の下での道徳教育の方針の明確化と「道徳教育の推進を主に担当する教師」（道徳教育推進教師）を中心に，全教師が協力して道徳教育を展開する必要性を明記している。

(7) 「道徳教育推進教師」を置くことが明記された。

(8) 道徳教育の全体計画に，各教科等の内容および実施時期等を示すことなどにより，実効性のある計画を作成することを明記している。

(9) 学校段階，学年段階ごとの指導の重点を具体的に示している。

(10) 道徳の時間を一層充実させるためとして，次の五つの事項を示している。

　指導体制の充実，体験活動を生かし発達段階を考慮した指導，魅力的な教材の開発や活用，自らの成長を実感できる指導，情報モラルに関する指導への留意

(11) 道徳性の育成に有益な体験活動の推進を求めている。
　　平成10年版で例示されていたボランティア活動と自然体験活動に加えて，小学校では集団宿泊活動を，中学校では職場体験活動を例示している。
(12) 家庭や地域社会との連携の一層の強化にも言及している。
　　道徳の時間の授業公開を明記し，家庭や地域社会との共通理解を深めるような配慮を期待している。

全体を通して，内容的には，基本的生活習慣の確立に関すること，生命尊重に関すること，規範意識の涵養に関すること，社会貢献に関すること，などが重視されており，推進体制としては，学校としての明確な方針の下に全校的な協力体制を確立して道徳教育を進めること，そのためには全体計画の具体化や道徳教育の推進を主に担当する教師をはっきりさせることなどが強く求められている。

4 『心のノート』と『私たちの道徳』

『心のノート』の作成・配布　　文部科学省は，平成14（2002）年4月に，全国の小・中学生に『心のノート』を配布した（小学校1・2年用，3・4年用，5・6年用と中学生用の4種類）。

これは，平成9（1997）年に起こった神戸連続児童殺傷事件やその後に続く人間の生命に関わる極端な少年犯罪の発生によって子どもの心の教育の必要性，重要性が強調されたことが背景にある。

心の教育の必要性をいう議論の中で，道徳の「教科書」を作成し，道徳教育の充実を図るべきだとする意見もあったが，文部科学省は，この『心のノート』は教科書でもなければ，「道徳の時間」に活用されている副読本でもなく，補助教材であるとしている（文部科学省　平成14年4月　配布文書「「心のノート」について（依頼）」）。

また，「自ら学習するためのもの」，「心の記録となるもの」，「学

校と家庭との「心の架け橋」となるもの」という性格をもつものと説明されていた。

　教師用の活用事例集なども編集されて活用が期待されており，事例集の「まえがき」では，①児童・生徒が身につける道徳の内容をわかりやすく表したもの，②児童・生徒が自己の生き方について考え，自らの道徳性をはぐくむことができるようにすることをねらいとするもの，③自分の生活や体験を振り返る「生活ノート」的な性格や，家庭と地域との「架け橋」としての性格ももつ，と説明されている。

　内容は，『学習指導要領』の内容項目に対応する形で構成され，説明文と書き込み部分（ノート形式）になっている。「道徳の時間」をはじめいろいろな機会に自分自身で考えたこと，クラスの中で話し合い気づいたことなどを書き込んでおき，自分の成長を記録するものとして使うことができるものであった。

　冊子体としての配布は一時期中断されていたが，道徳教育の一層の充実のためとして平成25(2013)年度から配布が再開されており，また，文部科学省のホームページに全体がデータとして掲載された。

　『学習指導要領』の改訂などに伴い部分改訂も続けられて，学校では積極的に活用されることも多く，（心の教育に国が踏み込むべきでないとする立場からの批判的な意見も出されたが）道徳教育の充実（特に「道徳の時間」の定着，充実）には一定の役割を果たしたといえる。

『私たちの道徳』　　『心のノート』は全面改訂され，平成26（2014）年度から，『私たちの道徳』と名称変更され，『心のノート』と同様に，全国の児童・生徒に配布されている。

　小学校1・2年用，3・4年用，5・6年用と中学生用の4種類であることは『心のノート』と変わりはない。それぞれの表紙は，（現行版では）樹木が，双葉からしだいに成長して，中学校版では森の中のしっかりした若木になるように描かれており，発達段階を想

定させるものとなっている。

　この冊子の活用例として，学校だけではなく，家庭でも，地域でも使うものであることを最初（目次の次の頁）に説明し，（各冊とも基本的には違いはないが）中学校用では，「学校では，道徳の時間で，いろいろな授業で，休み時間や放課後に，友達と考えを出し合い，話し合ってみよう。家庭では，家の人と話し合いながら，意見を交換してみよう。地域では，地域の人たちと交流しながら，話し合ったり，意見を聞いてみよう」と説明している。

　ただし，各巻の最後に「道徳の時間」に学習したこと，感じたこと・考えたことを書く頁が設けられているなど道徳の授業でより活用しやすい内容・構成になっている。

　編集においては，道徳的価値について児童・生徒が自ら考え，実際に行動できるようになることをねらいとしている。具体的な実践（行動）にも役立つように，ということであろう。

　内容は，『学習指導要領』に示す内容項目ごとに，基本的に，書き込み部分と読み物部分で構成されており，読み物資料が各巻に10点前後取り入れられているのが，『心のノート』との大きな違いである。読み物資料以外にも人物のコラム，名言・格言，詩・歌なども取り入れられている。

　また，いじめ（生命）問題への対応，伝統・文化，情報モラルに関する内容が各冊とも充実している。道徳教育で，今まさに，重点化したい内容が示されていると見ることができる。例として，いじめ問題に関しては，善悪の判断，信頼・友情，規範意識，公正・公平，自他の生命の尊重，などに関連する内容項目がしっかりと取り上げられている。

　学年ごとに特徴をもたせた編集となっているのも特徴である。小学校1・2年では，家庭との連携を意識して，家族からの書き込み欄が多く設けられている。3・4年では，身近な人間関係に関する

内容を充実（あたたかい人間関係を）。5・6年では，話し合いの題材を充実（話し合いで考えを深め成長に気づくよう）させている。中学校では，自分の生き方をしっかり考えられるように偉人の話や著名人のメッセージを充実させている。

第4節　道徳科（「特別の教科　道徳」）の設置

1　「道徳科」設置の経緯

道徳教育の充実はかねていわれてきたことであるが，「いじめ問題」などが教育に関する重大な問題として社会的に関心を集める中，平成25(2013)年2月に教育再生実行会議から道徳教育の抜本的充実，とりわけ，新しい枠組みの中で，「道徳の時間」を教科化することを求める提言（第一次）が出された。

これを受けて文部科学省内に設置された「道徳教育の充実に関する懇談会」でも充実・改善方策について検討がなされ，25年12月に報告が取りまとめられた。この報告を受けて諮問を受けた中央教育審議会は「道徳に係る教育課程の改善等について」専門的な検討をし，道徳の時間を「特別の教科」として位置づけることなどを提言する「道徳に係る教育課程の改善等について（答申）」を平成26(2014)年10月21日に文部科学大臣に提出した。

答申では，道徳教育のねらいを実現するために教育課程の改善が必要とし，方策として，

(1)　「道徳の時間」を「特別の教科　道徳」にする
(2)　目標を明確かつ理解しやすいものに改善する
(3)　内容をより発達段階を踏まえた体系的なものに改善する
(4)　多様な指導方法への改善（問題解決的な学習，道徳的習慣や道徳的行為に関する指導を取り入れたり，家庭・地域社会との連携を強

化した指導の工夫など)
(5) 検定教科書の導入
(6) 一人一人のよさを伸ばし,成長を促すための評価の充実(数値評価はせず,文章記述で)

などを提言している。

　さらに,これら以外にも,教員の指導力向上,教員免許や大学等での教員養成課程の改善,幼稚園や高等学校,特別支援学校における道徳教育の充実なども求めている。

　これに基づいて,「学校教育法」が一部改正され,昭和33年以来教育課程上に位置づけられてきた「道徳の時間」は「特別の教科 道徳」として,小学校では平成30(2018)年度から,中学校では平成31(2019)年度から教育課程に位置づけられることとなり,『小学校学習指導要領』・『中学校学習指導要領』は,道徳教育に関する部分の一部改訂が行われた(平成27(2015)年3月)。

2 道徳教育の改善,充実

　改訂された『学習指導要領』に基づいて,教科化に伴う道徳教育の改善・充実について見ておきたい(中教審答申で指摘された事項については改訂された『学習指導要領』に取り入れられているから繰り返すことはしない)。

　これまでの「道徳の時間」の問題としては,ともすれば特設時間であるので,各教科等に比べて軽視されがちであった。また,読み物資料を利用することが多く行われ資料中の人物等の心情理解に偏った授業が多く見られたり,発達段階をふまえず児童・生徒にとってわかりきったこと(望ましいとわかっていること)をなぞる形式の授業が多かった,と指摘している。

　改善策,充実策としては,道徳科の学習では課題解決的な学習な

どを取り入れ「考え，議論する」授業へ転換すること，体験的な学習などの指導法の工夫などにより実践的な学習の機会を充実すること（心情理解にとどまらず）が，大きな柱と思われる。

「特別の教科　道徳」の目標は「よりよく生きるための基盤となる道徳性を養うため，道徳的諸価値についての理解を基に，自己を見つめ，物事を（広い視野から）多面的・多角的に考え，自己の生き方（人間としての生き方）についての考えを深める学習を通して，道徳的な判断力，心情，実践意欲と態度を育てる」となっている（（　）内は中学校）。

道徳科の学習は，道徳性を養うためのものであること，物事を多面的・多角的に考える必要があること，自己の生き方について考えを深める学習であることなどを求めていると読み取れる。また，目標の最後が，「道徳的な判断力，心情，実践意欲と態度を育てる」と判断力，心情，意欲と態度の順になっているのは，これまでの「道徳の時間」が道徳的心情理解に傾きがちであったことの反省と関係があろう。また，道徳科の学習に，より実践的な性格をも持たせたいとの考えから，「道徳的な判断力，心情，実践意欲と態度」の順になっているとも考えられる。

「特別の教科　道徳」の内容については，四つの視点で構成的にまとまりをもたせて示す形は変わりがないが，「A　主として自分自身に関すること」，「B　主として人との関わりに関すること」，「C　主として集団や社会との関わりに関すること」，「D　主として生命や自然，崇高なものとの関わりに関すること」の順になっている。これは，児童・生徒にとっての対象の広がりに即して整理した，と解説書では説明されている。項目数は，小学校1・2年19項目，3・4年20項目，5・6年22項目，中学校は22項目になっており，各項目に「正直，誠実」（A-2）などと内容理解の手掛かりになるキーワードをつけている。さらに具体的に見ると，「いじめ問題」

への対応などの現代的課題を意識した改訂であるから、内容については、「相互理解、寛容」「公正・公平、社会正義」や「個性の伸長」「国際理解、国際親善（国際貢献）」「よりよく生きる喜び」などの内容項目を充実している。

　家庭や地域社会との連携も重視されており、道徳科の授業の参加、協力を得る対象を「各分野の専門家等」にまで広げ、「社会で活躍する人々に」「特技や専門知識を生かした話題や児童（生徒）へのメッセージを」（それぞれ、（　）内は中学校）語ってもらう方法がある、と具体的に説明している（『解説書　道徳科編』指導の配慮事項の7）。

［注］
1) 藤田昌士「修身科の成立過程」、『東京大学教育学部紀要』第8巻所収、1965年、198頁以下。
2) 海後宗臣『教育勅語成立史の研究』、東京大学出版会、1956年、142頁。
3) 宮田丈夫編『道徳教育資料集成』第1巻、第一法規、1959年、31頁。
4) 同書、32頁。
5) 唐沢富太郎『教科書の歴史』、創文社、1956年、229頁以下。
6) 木下竹次『学習原論』、目黒書房、1923年、104頁。
7) 小原国芳『修身教授革新論』、集成社、1920年（改題：『道徳教育革新論』、玉川大学出版部、1957年、58頁）。
8) 前掲『道徳教育資料集成』第3巻、418頁。
9) 海後宗臣・清水幾太郎編『史料戦後二十年史』第5巻、日本評論社、1966年、38頁。
10) 前掲『道徳教育資料集成』第3巻、42-43頁。
11) 前掲『史料戦後二十年史』第5巻、173頁。
12) 同書、172-173頁。
13) 前掲『道徳教育資料集成』第3巻、173-174頁。

[参考文献]

梅根　悟監修『世界教育史体系39　道徳教育史Ⅱ』，講談社，1977年。

大田　堯編『戦後日本教育史』，岩波書店，1978年。

押谷由夫『「道徳の時間」成立過程に関する研究』，東洋館出版社，2001年。

勝部真長・渋川久子『道徳教育の歴史』，玉川大学出版部，1984年。

黒田茂次郎・土館長言『明治学制沿革史』，金港堂書籍，1906年。

中央教育審議会「道徳に係る教育課程の改善等について（答申）」，2014年。

仲　新監修『学校の歴史』全5巻，第一法規，1979年。

中野　光『大正自由教育の研究』，黎明書房，1968年。

藤田昌士『道徳教育──その歴史・現状・課題』，エイデル研究所，1985年。

（小寺正一）

第3章　道徳性の発達

第1節　道徳性の意味

「道徳性」とは「道徳」を担う能力のことである。そして，道徳は二つの視点で考えられ，それに伴って道徳性も二つの視点で考えることができる。

1　外的道徳性（慣習的道徳性）

これは，自分の外にすでに存在する慣習・社会規範としての道徳に従い，それを遂行していく能力である。したがって，この意味での道徳性の獲得とは，社会性の獲得，社会適応を意味する。

人間は必ず人間社会において教育され，人間になっていく。その場合の人間社会とは，抽象的なものではなく，必ずなんらかの具体的な，時間と空間の限定された社会のことである。すなわち，人間はある国のある地域で，あるとき，ある人を父と母として生まれてくる。そして，特定の文化を背景として，そこで父と母の価値観に基づいて成長し発達する。誰でも，言葉一般を獲得するのではなく，具体的な○○語を話すようになる。抽象的な礼儀一般を身につけるのではなく，自分が生活している時と場所で通用している礼儀を身につけることを要求され，その要求の実現が社会の構成員の条件である。

世界にはさまざまな文化・価値観が存在し，そこで生活している人間の具体的なあり方は多様である。その意味で，社会規範としての道徳は多様であり，時代によって変遷し，同じ時代であっても地域によって異なる。江戸時代の武士のモラルとして重要視された仇討ちは，時代が変われば処罰される殺人行為である。また，同じ時代であっても，地域を異にすれば，最も丁寧な挨拶の仕方は文化によって異なる。この視点で考えれば，「川一つで仕切られる滑稽な正義よ。ピレネー山脈のこちら側での真理が，あちら側では誤謬である」(パスカル『パンセ』，187頁) ということがありうる。

　この意味での道徳は社会性であり，変化するものである。だが，日常的にはこれこそが最も身近に存在する生活規範である。もしこれを身につけないと，「常識がない」，「礼儀知らず」，「型破り」などと非難され，違反者には，違反の程度に応じて制裁が科せられる。したがって，この意味での道徳は法律と深い関係をもつ。『古事記』に見える「スサノオノミコトの高天原追放」の神話は，古代日本における最も重い制裁の例を示している。

　社会規範は慣習・習俗と関係するものであり，長い間に人間が徐々に形成してきたものであり，それを守ることがその社会の構成員としての資格である。したがって，一人前の社会人を育てることを目標とする教育が，この社会性の獲得を目標として掲げるのは当然のことである。

　だが，だからといって教育がこの社会性の獲得で終わるわけではないし，終わってはならない。なぜなら，いかに長い間の人間の英知の集積としての社会規範であったとしても，排他的な利己的な考え方にとらわれ，その社会そのものが全体としてゆがんだ価値観に支配されている場合，社会規範に従うことは真理に背くことだからである。例えば，社会全体が戦争賛美・戦争遂行の道を歩んでいるとき，社会への適応とは戦争を肯定することである。戦争を否定す

ることは社会への不適応とみなされ，迫害される。

2　内的道徳性（原理的道徳性）

　これは，普遍妥当的な原理としての道徳すなわち自己の良心に基づいて，よりよい生き方を追求していく能力であり，同時に，外的道徳性を内面から支える能力でもある。

　自己の外にすでに存在する社会規範に従う他律的な生き方と異なり，自己の内側にある原理すなわち自己の良心に従って行為することができる能力が，この内的道徳性の意味である。ただし，ここで誤解してはならないことは，自己の内面の原理に従うということは自分勝手なしたい放題のままということでは決してない，ということである。もしそうであるなら，それは道徳性どころか，アノミーすなわち無道徳である。

　今ここで使用している「良心」という言葉は，『孟子』における「人間が本来的にもっている素直な善い心」というニュアンスをもちながらも，直接的には外国語の conscience の翻訳語としてのものである。その conscience はラテン語の conscientia に由来し，con とは「共通・一緒」という意味をもち，scientia は「知る・知識」の意味をもつ。すると，良心という言葉は「共に知ること」を本来の意味としてもつものである。では，この場合，誰と共に知るのか。それは，自分以外の他の人々と共に知ることであり，同時に自分自身と共に知ることであると考えられる。したがって，良心という言葉がもともともっているニュアンスとしては，「他の人々にも通用する普遍的な知識をもっている主体」ということであり，同時に，「自己自身が何を考え何を行為したか，また何を考え何を行為しようとしているかを知っている主体」であるということができよう。それゆえ，社会性という意味での道徳性を内面から支え，実践を促すのは，この意味での道徳性であるということができる。

また社会規範に対する批判は，この視点から可能になる。もし自分がその社会に全面的に埋没していれば，自分が存在する社会を客観的に批判することができない。批判が可能であるためには，自分が属する社会を「超えて（超越して）」見ることができなくてはならない。歴史はこの視点からの批判によって前進してきたということができる。

したがって，外的道徳性の獲得でもって道徳教育の目標達成と考えてはならない。社会性の獲得すなわち社会適応は大切ではあるが，それが終点なのではない。大切なのは，自己が自己自身の原理に従って行為し，自己が自己を支えることができる，自律を達成することである。それが，ここでいう内的道徳性の獲得である。

さて，以下に述べるように，道徳性の発達段階の理論は，道徳性がここでいう外的道徳性から内的道徳性へと発達することを明らかにしている。すなわち「他律から自律へ」である。その意味でも，道徳教育はまず外的道徳性の育成が必要であり，それは内的道徳性の育成に向けてのものであるということができる。

『解説書 道徳科編』における道徳性の定義 『中学校学習指導要領解説 特別の教科 道徳編』(平成27年7月)では，道徳性は次のように示されている。

> 道徳性とは，人間としての本来的な在り方やよりよい生き方を目指してなされる道徳的行為を可能にする人格的特性であり，人格の基盤をなすものである。それはまた，人間らしいよさであり，道徳的諸価値が一人一人の内面において統合されたものであり，「道徳的判断力」「道徳的心情」「道徳的実践意欲と態度」を構成の諸様相とする内面的資質である。　　　　(108頁)

(1) 道徳的判断力——「それぞれの場面において善悪を判断する能力である。つまり，人間として生きるために道徳的価値が大切な

ことを理解し，様々な状況下において人間としてどのように対処することが望まれるかを判断する力である。的確な道徳的判断力をもつことによって，それぞれの場面において機に応じた道徳的行為が可能になる。」

(2) **道徳的心情**——「道徳的価値の大切さを感じ取り，善を行うことを喜び，悪を憎む感情のことである。人間としてのよりよい生き方や善を志向する感情であるともいえる。それは道徳的行為への動機として強く作用するものである。」

(3) **道徳的実践意欲と態度**——「道徳的判断力や道徳的心情によって価値があるとされた行動をとろうとする傾向性を意味する。道徳的実践意欲は，道徳的判断力や道徳的心情を基盤とし道徳的価値を実現しようとする意志の働きであり，道徳的態度は，それらに裏付けられた具体的な道徳的行為への身構えと言うことができる。」

道徳的判断力，道徳的心情，道徳的実践意欲と態度は，人間の能力についてのなじみ深い表現からすれば，「知」・「情」・「意」ということもできよう。この分析は上述の道徳性の定義と矛盾するものではなく，道徳教育においてどの視点から指導することができるかを考えていくためには，有効なものであるといえよう。

第2節 「発達」の意味

発達という言葉は，「成長・発達」などの用法で一般にはすでになじみ深いものであろう。だが，「発達」を厳密に定義するとなると，なかなか困難である。『広辞苑』第5版（岩波書店，1998）では次のように説明されている。

　①生体が発育して完全な形態に近づくこと。「筋肉の―」②進歩してよりすぐれた段階に向かうこと。規模が大きくなるこ

と。「産業の—」「—した低気圧」③〔心〕個体が時間経過に伴ってその身体的・精神的機能を変えてゆく過程。成長と学習を要因として展開する。

これが発達の一般的な定義であろうが、①や②の説明は、われわれが問題にしている子どもの道徳性の発達の意味とは異なる。すなわち、それによると、子どもは不完全な存在であり、完全な大人へと発達していくのだということになる。しかし、今日の子ども観からすれば、子どもは決して「不完全な大人」なのではない。子どもが大人になるということは、不完全な空白の部分を埋めていくこと、いわば量的な増大をいうのではない。そうではなく、質的な変化、機能的に分化し統合していく変化、すなわち、それぞれ完全な構造をもつ子どもが、その完全な構造の組み方を「より複雑な、より安定したものに組み替えていくこと」が発達であると考えるのである。③の説明はそうした方向のものだが、十分とはいえないだろう。『心理学事典』（平凡社，1957）では次のように説明されている。

　　身心の形態や機能の成長的変化を、発生的な連関において考察する場合に用いられる概念。したがって成長 growth と発達とはきわめて近接した概念で、時には同義的に用いられることもある。ただ成長は個体の発育に伴なう変化を系列的に、とくに量的な増大において、記述する場合により多く用いられ、発達はこのような成長的変化を、完態 complete state への過程として形態的にまた機能的に分化 differentiate し、複雑化 complicate し、統合化 integrate する連関において考える場合に、より多く用いられる。　　　　　　　　　　　　　　（551頁）

また、『新版 心理学事典』（平凡社，1981）では、次のような指摘がある。

こうして，発達をただ単に量的増大として成長と同様に扱うことは否定され，個体と環境との継時的な相互交渉を通して，さまざまな機能や構造が分化 differentiation し，さらに統合 integration されて個体が機能上より有能に，また構造上より複雑な存在になっていく過程としてとらえるのが今日一般に受けいれられる考え方であろう。　　　　　　　　　　　　（687頁）

いずれにしても，上述のように，「構造の組み替え」として理解するのが妥当であると考えられる。
『解説書　道徳編』（小学校，平成20年版）では，道徳性の発達は次のように説明されている。

　道徳性の発達は，基本的には他律から自律への方向をとる。それは，判断能力から見れば，結果を重視する見方から動機をも重視する見方へ，主観的な見方から客観性を重視した見方へ，一面的な見方から多面的な見方へ，などの発達が指摘できる。このような道徳性の発達は，自分自身を見つめる能力，相手のことを考える能力や相手のことを思う能力，さらには，感性や情操の発達，社会的な経験や実行能力，社会的な期待や役割の自覚などとも大いに関係する。

これは，認知発達理論の立場に基づいた考え方であり，道徳性の発達についての一つの理解である。子どもの道徳性が他律から自律へと発達するという事実認識は，教育の目標として他律の教育から自律の教育への道筋が立てられることを意味する。
　哲学的には「他律」と「自律」とは厳密な定義に基づいて使用される。この両者を明確に使い分けたのはカント（Immanuel Kant, 1724-1804）である。カントは，傾向性によって意志が規定されることを「意志の他律」と呼び，こうした意志決定の仕方に道徳性を認

めなかった。それに対して、理性の命ずる「道徳法則」に意志が従うことを「意志の自律」と呼び、ここにだけ道徳性を認めた。この理解の仕方が、今日のわれわれにも影響を及ぼしている。自律は文字どおり autonomy、すなわち auto（自己自身）が nomy（nomos＝規範）であることをいう。自分以外の何ものにも意志決定において影響されないことが自律である。いいかえれば、主体的に判断することができるのが自律であるということができる。

　ところで、道徳を担う能力としての道徳性が、いったい、どのようにして人間に形成されていくのかを理論的に説明しようとするのが、道徳性の発達理論である。もちろん、子どもが人間社会において成長・発達することは具体的な事実として眼前に見ることができるのであるから、誰でも漠然とは子どもの道徳性の発達を知っている。しかし、道徳性の発達のメカニズムがどのようであるのかを問題にしたのは20世紀になってからである。それは、子どもを「不完全な大人」、「小さな大人」として見るのではなく、科学的な観察の対象として扱うことなくしては成立しえなかったからである。

　道徳性の発達理論には大きく分けて、精神分析学、学習理論、認知発達理論がある（森岡卓也「連載・道徳性発達理論の比較研究」1981年4月号、113頁）。以下では、道徳教育の推進に参考になると考えられる、フロイト、ピアジェ、コールバーグ、ブルの理論を考察する。

第3節　フロイトの道徳性発達理論

　フロイト（Sigmund Freud, 1856-1939）の関心は神経症の治療にあった。人間は道徳性をどのように獲得していくのか、というフロイトの理論も、神経症の原因追究の過程で成立していったものである。自己が自己を処罰することは、いかなるメカニズムでなされるのか。彼は人間の心の葛藤を説明するために、人間の心の構造を「無意識

—自我―超自我」という三つの層に分析した。ここで，フロイトのいう超自我は道徳的な判断・断罪・抑制をする主体であり，これが狭義の「良心」と呼びうるものである。

《無意識》　フロイトの功績はこの無意識ということに着目し，これによって理論を構築したことであるといわれるが，無意識とは，彼の定義によれば，「われわれが無意識的と呼んでいるのは，たとえば作用の結果から見てその存在を仮定せざるを得ないが，しかしそれについてはわれわれは何も知らないある心的過程のこと」(『精神分析入門(続)』，懸田克躬・高橋義孝訳，『フロイト著作集』第1巻，444頁)である。

心のこの領域を，フロイトは「エス」と名づける。「ニーチェの用語に倣い，G. グロデックの示唆に従って，われわれは今後無意識をエス das Es と呼ぶ」(同書，446頁，また『自我とエス』，小此木啓吾訳，『フロイト著作集』第6巻，273頁)。

エスについては，それはもともとわれわれには意識されないものであるから，概念的な詳細な定義は困難である。われわれがその存在を知ることができるのは，「夢の作業と神経症の症状形成との研究を通じて」(『精神分析入門(続)』，447頁)である。しいてエスを説明するとすれば，「エスはわれわれの人格の暗い，近寄りがたい部分，(中略)エスは渾沌，沸き立つ興奮に充ちた釜」(同所)である。中身はわからないが，ともかくあり余るほどのエネルギーをもっていることは確かである。あるのはただ快感原則だけであり，それに従って欲求を満足させようという動きがエスである。ここには善悪の価値判断は存在せず，したがって道徳性を認めることはできない。

《自　我》　自我は，基本的には，エスの一部分が外界との接触によって抵抗運動を受け，その結果としてエスから分離したものである。その役割は，エスの欲求と具体的な行為との間に，理性と分別による「思考作業という猶予期間」をはさみこんで，自己自身を

統率しようとすることである。「自我は心の営みにおいて理性と分別を代表し，一方エスは無制限な情欲を代表する」(同書，449頁)。自我は，外界とエスと超自我という三つの方向と現実原則に従って関係をもち，三様の危険にさらされているということができる。そこで耐えられなくなると「不安」という形で対応する。「外界に対しては現実不安を，超自我に対しては良心と不安を，エスにおける情欲の強さに対しては神経症的不安を発生させる」(同書，450頁)。

《超自我》　超自我は自我から生じ，その役割は「刑罰をもって嚇かすような監視の法廷」である。超自我は「道徳の権化」として，自我を断罪する。ここに自我は道徳的罪悪感を感じる。自己の思考や行為に対して断罪する機能は「良心」のもつ一つの機能である。この意味で，超自我は良心として重要な位置を占める。

動物的な欲求衝動をどのようにコントロールするかということを道徳的な課題であるとすれば，フロイトの視点からは次のような指摘ができる。「衝動抑制，つまり道徳の見地からみると，次のようにいうことができよう。エスはまったく無道徳であり，自我は道徳的であるように努力し，超自我は，過度に道徳的で，エスに似て非常に残酷になる可能性がある」(『自我とエス』，295-296頁)。

さて，それでは超自我はいかにして形成されるのであろうか。まず，超自我すなわちここでは良心は，人間が生まれながらにもっているものであるとは考えられない。フロイトによると，良心は「性生活の対立物」である。人間が生まれつきもっている「性の衝動」がどのようにコントロールされるようになるかということが，良心の形成過程である。

超自我の形成　幼児は無道徳的であるから，自分で自分の快楽追求の衝動をコントロールする内的な力をもっていない。この衝動を抑制するのはまず，幼児にとっての外的な力すなわち両親である。「後になって超自我が引き受けることになる

役割は，初めはある外的権力が，つまり両親の権威が引き受けているのです。両親の影響は，愛の表示による許容と罰による威嚇とによって子供を支配します」（『精神分析入門（続）』，437頁）。

　両親の罰は子どもにとって，それ自身が恐怖の対象であり，また罰は自分を保護し育ててくれる両親の愛を失うことを意味する。これは幼児にとって大変な不安を呼び起こす。この不安が時を経るとともに徐々に内面化され，具体的な両親の罰がなくても自分が自分を処罰するようになる。そのとき，自分を監視し処罰する内面化された主体が「良心」と呼ばれるものである。「外的抑制は内面化され，超自我が両親の法廷にとって代り，今や超自我が自我を，むかし両親が子供に対してなしたようにきびしく監視し，制御し，威嚇するのです」（同書，437頁）。そして超自我の形成には，両親だけではなく，教育者，教師，その他いろいろな理想像が子どもにとっての権威として影響を及ぼす。すなわち「子供の超自我は，もともと両親を模範として築き上げられるのではなく，むしろ両親の超自我を模範として築き上げられるのです。超自我は同一の内容で充たされ，伝統の担い手になるのです」（同書，441頁）。

　かくして超自我の形成とは「事実上一つの構造関係を意味する」のであって，その超自我が具体的に何をとがめ処罰するのかということをいうものではない。具体的な中身の問題は歴史・文化・風土によって異なる。

　超自我は良心の役割を果たし自我を断罪・処罰するが，さらに超自我の機能はほかに「自我理想」の役割をももつ。「超自我は自我理想の担い手でもあって，自我は自我理想に照らして自己を測り，これを模倣しようとし，いよいよますます完全なものになれという自我理想の要求を満たそうと努力します」（同書，439-440頁）。すなわち自我の完全な姿として，超自我は自我理想を自我に示し，それを達成することを要求するのである。そしてフロイトにあっては，

その自我理想には両親の姿が影響を及ぼしているのである。

両親と子どもとの関係をいう場合，フロイトにおいてはエディプス・コンプレックスが重要である。超自我の形成がうまく行われるためには，このエディプス・コンプレックスの克服がうまくなされていることが必要である。すなわち男の場合，自分の敵対者としての父を克服し，模範としての父との同一視によって生じたものである。そのとき性的な性格はなくなっている。「エディプス・コンプレックスがつよければつよいほど，またその抑圧が加速度的（権威，宗教教育，授業，講義の影響をうけて）に行なわれれば行なわれるほど，のちになって，超自我は良心として，おそらく無意識的罪悪感として自我を厳格に支配するであろう」（『自我とエス』，281頁）。

さて，こうして道徳的な抑制・断罪そして積極的な道徳的行為に関わる主体としての超自我は心における構造関係であるということ，その形成は外的権威すなわち「優位に立つ他者」（『文化への不満』，浜川祥枝訳，『フロイト著作集』第3巻，480頁）の内面化によるものであることが示された。ただし，外的権威が強力であればあるほど，内面化がうまくいくというものでもない。これはわれわれの経験からしてもそうである。もし両親・保護者が厳しくしつけたならば子どもに厳しい超自我が形成されるとすれば，教育は容易であろう。現実には，厳しいしつけを受けても必ずしも厳しい超自我が形成されるわけではないし，また逆に，寛大どころか大いに甘やかして育てたとしても，厳しい超自我が形成されることもありうる。

ここでのもう一つの問題点は，内面化される「外的権威」のもつ性格である。フロイトの理論を批判的に継承したフロム（Erich Fromm, 1900-80）は，この点を強調する（フロム『人間における自由』，174-207頁）。すなわち，取り込まれた外的権威が普遍妥当的に承認されるものであるならば，成立する超自我としての良心は文字どおり「善なる支配者」としてのものであろう。しかし，反対に，もし

外的権威が普遍妥当性をもたない偏狭なものであれば、成立する良心は「悪魔的」でありうる。この意味で教育の果たす役割は重大である。子どもは親や教師に愛されたいと願っているものであるから、親や教師の指示・命令に対して忠実であろうとする。この関係の中では指示・命令に従順である子どもが「よい子」であり、反抗する子どもは「わるい子」である。こうして権威の価値観は子どもに内面化されていくとすれば、権威者としての親や教師の価値観が問われるのである。フロムは、こうした間違った良心の形成の例として、中世の魔女裁判やナチスの残虐な行為を支持した人々をあげている。つまり、彼らは自分の行為を「悪いことをしているという自覚」をもっていたわけではなく、むしろ「良心の命ずるままに」行っていたのではないか。この場合の良心は、普遍妥当的な正しい行為を命ずるのではなく、その時代のその地域の外的権威によって内面化された偏狭な価値観としての良心であった。

第4節 ピアジェの道徳性発達理論

ピアジェ（Jean Piaget, 1896-1980）は『児童の道徳的判断』で子どもの道徳的判断の発達の研究を公刊した。これは、子どもの道徳性が段階を追って発達するものであるということを実証的に明らかにしようとした最初の試みであり、彼以後の研究はすべてこのピアジェの理論を基礎とする。

ピアジェは道徳を次のように考えている。「すべての道徳は規則の体系から成り立っており、すべての道徳の本質は個人がこれらの規則に対してどれほど尊敬しているかというところに求められるべきである」（『児童道徳判断の発達』〔『児童の道徳的判断』の改題邦訳〕、1頁）。ピアジェはこの視点に立って、子どもの内に規則への尊敬がどのように形成されていくのかを実証的に明らかにしようとした。

ピアジェがまず研究対象として選んだのは,「マーブル・ゲーム」をする子どもたちが, そのゲームの規則をどのように意識し, また実践しているか（遊んでいるか）ということであった。この遊びは複雑な規則をもっており, また子どもにとって遊びは社会生活そのものであることから, 遊びの規則の研究は社会生活の規則である道徳の研究に類比的に貢献しうると考えられたのである。

規則の実践・適用の段階　(1) 純粋に運動的・個人的な段階——子どもは純粋に本能のおもむくままにマーブルを使って遊んでいる。したがって,「遊び」ではあっても, 一定の規則に従ったゲームにはならない。特徴としては, ①連続性と方向とが欠如している。その時その時のきまぐれのままに遊ぶ。②常に必ず何かある細かいことを規則的にやる傾向がある。例えば, マーブルを穴の中に集めたりすることを何回でもする。これはいわば儀式である。③マーブルを何かの象徴として扱う。例えば, マーブルは卵であったり野菜であったりする。この段階での儀式性・象徴性は, ただちにゲームの実際的規則の起源であるとは考えられないが, 下部構造を形成し必要条件ではある。

(2) 自己中心性の段階 (2〜5歳)——ここで自己中心性というのは,「純粋に個人的な行動と, 社会化された行動との間の, 中間的行動の一形式」を意味する。具体的には, 子どもは既成のゲームの規則を知って, それに従って遊んでいるように見えるが, 実際には「一人遊び」をしている段階である。例えば, 二人でマーブルを投げていて,「どちらが勝ち？」と聞くと,「どちらも勝ち」と答えたりする。したがって, この段階の子どもは, 規則を統一して, 共通の規則で勝ち負けを競うような遊び方をしようとはしない。子どもは「社会的材料をもって個人的に遊ぶ」（同書, 31頁）のである。

(3) 初期協同の段階 (7・8〜10歳)——このころになると,「相互を理解する願望」が現れる。これがこの段階を特定する。子ども

は相手に勝とうとする。相手に勝ったといえるためには，同じ規則でゲームをしなくてはならない。そこで子どもは「共通規則を守りつつ相手と競おうとする」(同書，39頁)。つまり相手と協同しようとする。しかし規則を徹底的に知っているとはいえず，規則は単純化されて遊ばれる。

(4) 規則の制定化の段階（11〜12歳頃から）――この段階は第3段階との程度の差である。真に規則を尊重するようになり，勝負におけるあらゆる手続きが詳細に規定されるようになる。規則の実際は仲間全体が知るようになり，規則そのものに対して興味を集中させる。

規則の意識の段階　(1) 運動的・個人的段階――ここでは規則に対する義務意識は存在しない。したがって，規則を道徳と置き換えて考えてみれば，道徳に対する義務意識は存在しないのであるから，「無道徳あるいは道徳以前の段階」と呼ぶことができよう。

(2) 他律の段階（4〜8歳）――規則は大人から発生し与えられ，永続的なものであり，神聖不可侵のものであると考える段階である。規則を修正して遊んだほうが面白いということがわかっていても，規則を修正・変更することはできないと考える。政治でいうなら，神政・長老政治である。

(3) 自律の段階（9〜13歳，平均10歳）――ゲームの規則は自由に決定した結果としてのものであり，相互に同意を得るかぎり尊敬を受けるに値する，と考える段階である。この段階の子どもは，相互に立法者であり統治者であり構成員であって，協同によって規則を立てて運用する。いわゆる民主政治の段階であり，手続きが重視される。誰でも，手続きさえ正しければ，規則に対する自分の意見を他者に訴えて，規則を改変する権利をもつ。

他律の道徳　　　ピアジェは，マーブル・ゲームの観察・面接を通して，規則の意識は「他律から自律へ」という発達段階をとること，そしてその発達の契機を「協同」に見いだした。さらに，直接に道徳性そのものの発達を研究しようとする。ところが，道徳に関しては，ゲームについてと同じようにはいかない。道徳的行為を研究するといっても，日常生活の中で子どもの道徳的行為を絶え間なく観察するわけにはいかないし，実験室で何かやらせるわけにもいかない。「そこで私どもは，道徳的行為ではなく，単に道徳的価値の判断というものを検討するのが最も妥当であり，またやってみようとするのである」(同書，134頁)。具体的には，「例話」を子どもに与えて，子どもの反応を分析している。

　他律の道徳は拘束の道徳である。これが子どもにどのような形で形成されているか，そしてどのように自律へと発達していくのか。これを実証するためにピアジェが準備した話は，「過失」・「盗み」・「虚言」という道徳的な問題についてのものである。

　結果として，10歳までの子どもの答えは大きく二つに分かれる。

(1) 行為は動機ではなく，物質的結果で判断される。例えば，ジャムを盗もうとしてコップを1個割るよりは，過失であっても15個も割ったほうが悪いと判断するのである。また，リボンよりは値段の高いパンを盗んだほうがより悪いと答えるのである。こうした客観的責任を問題にするのは平均7歳であり，年齢が上昇するにつれて減少していく。

(2) 行為は動機で判断される。例えば，ジャムを盗もうとしてコップを1個割ったほうが悪い，それは動機がよくない，15個割ったのはわざとしたのではない，と考える。また盗みに関しては，どちらも悪いが，人のためにパンを盗むよりは，自分のためにリボンを盗むほうがより悪いと答える。こうした主観的責任を問題にするのは平均9歳である。

ピアジェによれば、物質的結果に基準を置いて判断する仕方は親の態度の反映である。たいていの親は過失かどうかではなく、被害の大きいほうを気にする。すると、子どもは親の態度に影響を受けて、物質的結果にこだわった判断をしがちになる。しかし親が公正な態度をとれば、子どもは早くから主観的責任を問題にするようになる。すなわち子どもは、「儀式的な外面的な服従を要求する命令の体系」ではなくて、「めいめいが出来る限り同一義務に向い、且つ相互的尊敬から服従するような社会関係の体系」(同書, 173頁)の中に存在することを自覚することによって、主観的責任に注目する態度を獲得する。つまり服従の道徳ではなく、協同・相互性の道徳、意図の道徳である(「虚言」については紙幅の関係で省略)。

かくして、マーブル・ゲームの観察・面接から導き出された発達段階が、ここでも同様に提出される。すなわち、一方的尊敬(大人の命令への絶対的服従)から相互的尊敬への移行である。そしてそこには協同の影響を見る。そして「協同は知能を前提とする。(中略)知能は協同を促す」(同書, 236頁)から知能の役割が強調されている。

自律の道徳　自律の道徳を考える場合、ピアジェが注目するのは「正義」である。彼にとって正義の観念は「協同と相互性との感情面」であり、「協同からの直接的結果であるように思える観念」(同書, 266頁)である。したがって、「子供同士の間に支持される相互的尊敬と連帯性」(同書, 266頁)によって発達するものである。そして「正義の規則は社会関係の一種の内在状態、あるいは彼らの均衡を統制する一種の法則である」(同書, 267頁)から、正義の観念の獲得が自律を達成したかどうかの基準になると考える。

さて、正義についての子どもの判断を研究するために、ピアジェは懲罰、集団的・共有的責任、内在的正義、応報的正義と分配的正

義，平等と権威，児童間の正義，という順で考察を進める。紙幅の関係上，ここでは「懲罰」に焦点を合わせる。

いかなる懲罰が公正であるかについての子どもの反応には，大きく二様のものがある。

(1) 贖罪的懲罰——これは罪悪行為と懲罰との間に何の関係もなく，ただ罪悪の重さと与えられる苦痛との間に妥当な釣り合いがあることを求めるものである。
(2) 相互性による懲罰——これは軽いものから厳格なものまでいろいろある。
  (a) 「社会群そのものからの一時的あるいは究極的除外」(例えば，いつもごまかす者とは遊ばないなど)
  (b) 「行為の直接的にして物質的な結果にのみ訴える諸懲罰」(例えば，パンを買いに行かなかったので，パンをやらないなど)
  (c) 「背叛者から彼が濫用したものを奪ってしまう懲罰」(例えば，汚した本をもう貸してやらないなど)
  (d) 「単純な相互性」(同じことをし返す。例えば，子どもの手伝いをしないなど)
  (e) 「壊された物や盗まれた物を，償ったり返したりするような，単なる「贖罪的」懲罰」
  (f) 「懲罰もなく，権威をもってもせず，背叛者をしていかなる点において彼が連帯性の制約を破ったかを理解させるだけにとどめる非難」

子どもはこの2種類の懲罰について，小さい子どもほど贖罪的懲罰に公正を感じ，大きい子どもほど相互性による懲罰に公正を感じる。したがって贖罪的から相互的へと発達するということがいえる。そして「相互性による懲罰は協同と自律の倫理に相応ずる」(同書，

317頁)。

また年少の子どもほど,罰を与えることは再犯を予防することに効果があると考えている。しかし,年長になると,懲罰が重なるとしばしば犯罪者を無感覚にし,冷酷でずるい者にするような場合を考える者もいる。そして懲罰を与えなくても,行為の影響をきちんと説明された子どものほうが再犯の可能性が小さいと考える。

ピアジェ理論の主張　(1) 発達を「段階」の概念を使って考察した。これは単なる暦年齢ではなく精神年齢でもない。個人差を十分に考えなくてはならない。

(2) 発達段階は「他律から自律」への不変の秩序であり,直線的で段階を飛び越えない。

(3) 発達は判断構造の組み替えである。すなわち,段階の上昇とは,より複合した展望において考え,より均衡した判断を下すようになることである。

(4) 子どもの道徳的判断の発達は,認知構造の発達と平行関係にある。すなわち,認知発達は道徳的判断の発達の必要条件である。

(5) 発達の要因は協同である。協同の精神は相互尊敬と連帯性である。発達は権威への一方的尊敬から仲間同士の相互尊敬への道筋をたどる。ただし,すべての子どもが自律を達成するわけではない。

第5節　コールバーグの理論

コールバーグ (Lawrence Kohlberg, 1927-87) は,ピアジェの認知発達理論を批判的に継承し,実証性を保証するために,被験者を継続的に追跡調査することによって縦断的研究をするとともに,世界各地で同様な調査をし横断的研究を行った。その場合にコールバーグが注目したのは,行為の背後にひそむ考え方すなわち道徳的判断の構造であった。なぜなら,同じ行為でも,その行為を選んだ理由

づけは質的に異なる場合があるからである。調査結果から，彼は「3レベル6段階」の道徳性の発達段階を提唱するに至った。

(I) 慣習以前のレベル

このレベルの子どもは，文化の規則や善・悪・正しい・間違いなどのラベルに敏感であるが，それは肉体的あるいは快楽主義的な結果（処罰・報酬・好意の交換）によるものであったり，規則やラベルを強制する肉体的な力によるものである。以下，それぞれのレベルは二つずつの段階に分かれる。

〈第1段階〉 罰と服従への志向 (orientation)

行為の判断基準は罰の存否による。つまり処罰されれば悪い行為であり，処罰されなければ悪くないと考える。罰そのものの意味を考えないので，単に罰を受けないこと，権威者に無条件に服従することが，それ自体よいことと考えられている。

〈第2段階〉 手段的相対主義者への志向

正しい行為とは，自分自身や他者の欲求を満足させる手段である。人間関係はドライな〈ギブ・アンド・テイク〉で考えられる。相互性は忠誠・感謝・正義という観点で見られるのではなく，「僕の背中を掻いてくれれば，君の背中を掻いてあげる」という実利主義的なものである。

(II) 慣習的レベル

このレベルにおいては，個人は自分の属する家族・集団・国家に従うようになる。単に受動的に従うだけではなく，積極的に秩序を維持し，支持し，それを正当だと考え，自分と秩序に含まれる人々や集団とを同一視する態度をとる。

〈第3段階〉 対人的同調あるいは「よい子」志向

善い行為とは，他者を喜ばせたり助けたりすることであり，他者

に受け入れられることである。「よい子」であるためには風変わりなことはできないから,普通の型にはまった態度でいることが多い。身近な人の目が気になる。

〈第4段階〉 法と秩序への志向

権威や固定した規則,社会秩序の維持を重要視する。正しい行為は,義務を果たすこと,権威への尊敬を示すこと,既成の秩序を維持することである。

(Ⅲ) 脱慣習的レベル

このレベルでは,道徳的価値や道徳的原理を,それらを支える集団や人々の権威から独立に,そしてその集団との関係から独立に,定義しようとする。

〈第5段階〉 社会契約的な遵法主義への志向

この段階は一般に功利主義的な色調をもつ。正しい行為は,一般的な個人の権利や社会全体によって批判的に吟味され同意された基準によって決められる傾向がある。個人的な価値や意見の相対性を明確に自覚し,コンセンサスに達するための手続き上の規則を強調する。合法的・民主的に同意されたことを除いて,その他の正邪は個人的な問題である。手続きさえ整っていれば,法の改正は可能である。第4段階のように,法を固定的に考えることはない。自由な同意と契約が義務に拘束力を与える。アメリカ合衆国政府および憲法の「公式な」道徳性である。

〈第6段階〉 普遍的な倫理的原理への志向

正しさは,論理的包括性・普遍性・一貫性に訴えて,自分で選んだ倫理的原理に従う良心の決定によって決められる。これらの原理は抽象的で倫理的である。「黄金律」,「定言命法」が例としてあげられる。これらは「十戒」のように具体的ではない。すなわち,正義,人間の権利の相互性と平等,個々の人格としての人間存在の尊

厳の尊重，という普遍的な原理である。

コールバーグ理論の主張　(1)　発達段階は順序として連続性をもち，上位の段階は下位の段階を包摂する。しかも文化の制約を超えて普遍的であるとする。すなわち調査したさまざまな国で，それぞれ発達の速度に違いはあっても，段階の順序そのものは同じであることを見いだしている。

(2)　発達を，環境との相互作用による認知構造の組み替えによって，より安定的な均衡の状態への移行と考える。したがって，認知能力の発達は，道徳的判断力の発達の必要条件である。

(3)　認知構造の組み替えは，新しい経験によって強制される。すなわち，経験によって認知構造に不均衡が生じ，それを均衡化することによって発達が可能になる。

(4)　道徳的判断の発達には，認知能力と並んで役割取得 (role taking) の能力が基礎になることを強調する。この役割取得の役割の中身は，具体的な他者，また抽象的な他者，さらに国家，社会，人類など多様である。段階が上がるほど，役割の中身が抽象的・普遍的になる。

(5)　提唱された第6段階は，道徳的ディレンマの最終的な解決案を示すことができる「一般的原理」であり，「人格の尊重」を内容としてもつ。そして「可逆性」，「普遍化可能性」，「指図性」をもたねばならない第6段階は，哲学・倫理学への橋渡しとなる。

コールバーグ理論の課題　(1)　提唱された発達段階は，本当に文化や性の違いを超えて普遍的であるのか。例えば，いわゆる「恥の文化」と「罪の文化」との違いを考えたとき，「恥」が単に外面的な抑制として働くものだと考えれば，評定におけるランクは低いであろうが，しかし「恥」を「内面的な動力」としてとらえるなら，どうであろうか。われわれは「近所の人に恥ずかしい」と思うが，また「天に恥じる」こともできる（森三樹三郎『「名」と

「恥」の文化』，講談社現代新書，1971)。

あるいはコールバーグの発達段階は「正義」，「公正」を中心要因とする男性のものであって，女性は「思いやり」，「身近な人間関係」を中心要因として発達するというギリガンの批判もある (C. ギリガン『もうひとつの声——男女の道徳観のちがいと女性のアイデンティティ』，岩男寿美子監訳，川島書店，1986)。これに対して「コールバーグは，それまで，自分の研究してきた発達段階を，広い意味での道徳性の発達段階，もしくは道徳判断の発達段階と称していた。しかし，ギリガンの批判以後，それは正義（もしくは公正）の観念を中心とする道徳判断の発達段階であるとして，自らの守備範囲を限定するとともに，ギリガンの示した思いやりの道徳の発達段階に関する理論化は，ギリガン自身が取り組まなければならない課題であるとした」(岩佐信道「コールバーグの道徳性発達理論と道徳教育 6」，『道徳教育』1993年9月号，明治図書出版，117頁)。

(2) コールバーグ自身も認めているように，彼の理論には常に修正が加えられている。特に発達の最終段階としての第6段階については，評価がしだいに厳しくなっている。例えば，1969年の論文では，アメリカの16歳の被験者の約30％が第5段階に，約10％が第6段階に位置づけされていた ("Stage and Sequence")。しかし，1978年には，第6段階を獲得しているのはアメリカの成人の5％にも達しないとしている ("Justice as Reversibility")。1983年には第6段階は「理念的な終着点」(an ideal end point) だとする ("The Current Formulation of the Theory")。1985年に来日したときの講演では，「第6段階は，アメリカでもまれであり，少数の裁判官や道徳哲学者に見いだされているだけです」といっている。彼の発達段階理論は今後ますます検討され，完成されていくべきである。

第6節　ブルの道徳性発達理論

　ブル (Norman J. Bull, 1916-) は先行研究を踏まえながら道徳性の発達段階を実証的に研究した。彼は発達段階をマクドゥーガル (William McDougall, 1871-1938) に従って4段階に分ける。この4段階を自動車を運転するときの人々の態度で示すと，次のようになる。

(1) 他人を完全に無視し，唯一の関心は自分自身の楽しみである。運転を制限するものはけがへの注意だけである。(拘束＝快・苦)
(2) 注意深い運転はするが，それは法律が怖いからである。(拘束＝処罰・報奨)
(3) 注意して運転する。しかし，それは自分の評判を気にしてのことである。(拘束＝社会的称賛・社会的非難)
(4) 注意深く運転する。他の人々と生きるだけでなく，自分自身と生きる自覚をもつ。(拘束＝自己称賛・自己非難)

　さて，ブルによる道徳性の発達段階を考察する。その場合，ノモス (nomos＝規律・規範) というギリシア語がキーワードになっていることに注目したい。すなわち，このノモスが人間にどのように形成されるかで発達段階を考えようというのである。

1　アノミー(anomy)＝無道徳・道徳以前

　アノミーは，「ア」(否定の接頭語) と「ノモス」との合成語である。すなわち，「ノモスがないこと」であるから「無道徳」であり，これから道徳を身につけていく可能性を考えれば「道徳以前」ということができる。
　この段階の子どもは自然的な快・苦の感情に支配されており，本

能的な段階である。「面白いこと・楽しいこと」が「善」であり，「つまらないこと・しんどいこと」が「悪」である。そしてこうした考え方は成人にも残存している。

2　他　律(heteronomy) = 外的道徳(external morality)

外から自分に対して与えられる規則・強制・抑制に従う段階である。ここでは，他からの処罰，処罰の恐怖，あるいは称賛によって行為の善悪が判断される。その場合の賞罰は権威をもってなされることが必要である。なぜなら，権威のない者の賞罰は子どもの身にしみないからである。子どもが権威を感じる対象は両親・教師・学校・警察などである。

具体的には，親や教師の課する規則に従うのがこの段階である。しかしこの場合，見つからなければ賞罰に関係しないので，見つからなければよいということにもなる。したがって，ここには内的規制がないので，適法だが不道徳的ということがありうる。

他律の段階と年齢との関係については，ブルによると，他律の傾向が最も明確であるのは，7歳と9歳のグループである。この時期までに，子どもはほとんど他律の段階に到達すると考えられる。ただし，事態は単純ではなく，道徳的状況によって他律の判断を示す子どもの割合は異なる。

そして他律の判断は年齢の上昇とともに減少していくが，大人になっても残り，生涯を通じて残りつづける。他律は，その初期の段階ではアノミーと重なり合い，また成熟した他律の状態は次の段階である社会律と重なり合う。それほど幅の広いものであるが，しかしそれぞれの段階は相互に質的に区別することができる。

他律の意義と危険性　他律の段階は逆説的な特徴をもつ。すなわち，一方で道徳性の発達には他律としての外的道徳を獲得することが必要である。「彼は，自分の責任で

活動できる前に,道徳的な年季奉公 apprenticeship を勤め上げなければならない」(『子供の発達段階と道徳教育』, 26頁)。だが,他方で他律の道徳は外的・強制的・奴隷的であって,適法的ではあっても本質的には「不道徳的」である。なぜなら,真の道徳の本質的特徴は「自由な個人の自由な表現」(同書,27頁)であり,他からの強制によるものではないからである。

この逆説を解決するために,ブルは「他律は目的に至る手段である——決して目的自体ではない」(同書,27頁)ということを強調する。すなわち,他律は自分で自分をコントロールすることができるようになるための,つまり自律への手段・「訓練期間」と考えるのである。他から指示されたことができないのに,どうして自分で責任をもってできようか。この訓練は自律に到達するためにどうしても必要であるから,「年季奉公」と呼ばれたのである。「訓練がなければ,真の自由はあり得ない」(同書,27頁)。つまり他律なくしては自律はありえない。したがって,他律の真の機能は「子供が成熟するにつれて,他律自身を不必要とすること」(同書,43頁)である。

ここで注意すべきは,この他律が自律への「手段」ではなく「目的」と考えられることの危険性である。他律の段階で発達が停止すると,他から与えられる規則・規範に合致することだけが思考・行為の基準になってしまう。そしてこの場合,創造の苦しみ・自由な選択の辛さを味わわずにすむので,ある意味で気楽である。命じられるとおりに従っておけば誰からも悪くいわれないし,それどころかほめられる場合もある。だが,これは道徳的発達の停止である。同時に,この事態を管理者の立場から考えれば,指示したとおりに動くことは管理の理想であるから,これほどやりやすいことはない。こうして,両者の立場から他律の段階に停止することの誘惑が強まる。しかし,この安易さ・気楽さはいわばファシズムの温床である。そして,怖いことは,創造的に考え行為することの辛さを避けて,

他律の段階にとどまりつづけること，服従するだけの気楽さに慣れてしまうことである。さらに，自分がそうした状況にあることに自分で気づかないこと，これが最も危険なことである。今日，こうした状況についての指摘があるのではないか。与えられた仕事はこなすけれども，自分で創造的な仕事ができない。いわれればするが，いわれなければ何もしない。いわれても，強制として賞罰が伴わなければ何もしない。責任をもった言動ができない。こうした「道徳的ピーターパン」（同書，28頁）が増えているのではないか。

3 社会律(socionomy) = 外-内的道徳(external-internal morality)

ここで「外的道徳」といわれるのは，個人が自分の属する社会集団の規則に影響を受け，その制裁に服していることを意味する。すなわち，社会的称賛と社会的非難が判断の基準である。ここでは，自分以外の権威からの称賛・非難に従うのであるから，その意味で他律的である。ただし，その権威は他律のように絶対的・一方的なものではなく，自分もその一員である社会集団・仲間集団のものである。すなわち，相互に同じ立場にある者同士の働き合いである。

また「内的道徳」といわれるのは，自分本位の自己中心性が減少し，個人が社会集団において，その一員として活動していく過程で成員相互の「協同」によって，徐々に自分がその集団の構成員であるという自覚をもつようになっていくことを意味している。すなわち，集団に溶け込むことによって仲間との連帯感が強まり，集団内での自分の居場所を獲得していくと，集団との関与の仕方が規則に縛られたということではなく，「自分はこの集団の中でどのようにしなければならないか」ということを自覚して行為するようになる。ここで，「自覚」ということは「内的意識」のことであり，「ならない」ということは義務意識のことである。つまり，自分が自分を規制するという自己統治，内的な義務意識の芽生えを見ることができ

るのである。

この段階と年齢との関係は、他の段階と同様に簡単ではない。ブルの分析によると、設定された状況によって子どもの反応は異なり、相互性の感覚は9歳と11歳で著しいが、それをただちに道徳的判断の動機づけの要因として見ることはできないという。しかも一般に女子のほうが男子よりも発達が早い。この社会律でも女子は15歳と17歳で特に強い発達を示しているが、この年齢での男子ははるかに強く他律的である。

教育の当面の目標は社会人の育成であろう。すなわち社会性の育成である。したがって、ブルがいう道徳性の発達段階の中の社会律の達成は、道徳教育の目標としてふさわしいことになる。この段階からすれば、道徳的＝社会的だからである。しかし、社会的規則は普遍的でないことがありうる。欠陥があり、愚かですらありうる。偏狭な価値観によるゆがんだ民族主義がありうる。そうした社会の一員としての資格は、その社会の構成員としては合格ではあっても、道徳的原理の立場からすれば認められない。したがって、社会性を教育の最終目標とすることには限界がある。真の道徳性としての自律の獲得が道徳教育の目標であることを確認しなくてはならない。

4 自 律(autonomy)＝内的道徳(internal morality)

この段階は理性を拠りどころとし、すべての外的権威から独立した自由な個人の判断と行為を特徴とする。すなわち、他者の称賛・非難に依存せず、外的権威の恐怖にも社会の声の恐怖にも動ぜず、自己の内的な自己称賛と自己非難とに従って判断し行為するのである。この段階には次のような側面がある。

(1) 感情的自律＝幼年期の家族的絆からの独立。
(2) 理性的自律＝内なる掟を発達させ、すでに受け入れていた掟

の再吟味をすること。
(3) 行動的自律＝自己の掟の現実への適用。

この事態を一言でいうならば，「良心による自己統治」である。良心の発達はフロイトの理論を参考にしている。ここでは簡単に要約しておく。

良心の起源は，他律段階での処罰に対する恐怖感情である。恐怖は不安に結びつき，不安は罪責感へと結びつく。恐怖を与える主体である権威は内面化され，自分自身が懲罰を与える主体になり，同時に処罰される客体となる。良心は仮借なき裁判官として他者や自分自身を非難し処罰する。「しかし決してすべての者がそれを達成するわけではない。道徳に関係する全分野において発達した自律を達成するのは，少数の者に過ぎない」（同書，68頁）。

ここで良心とは，消極的側面（「内なる裁判官としての超自我」）と積極的側面（「自我理想」）という二つの側面をもつ。

消極的側面の「内なる裁判官としての超自我」は，道徳的検閲・抑制をするものである。すなわち，自分の中にあって自分自身を裁く主体としての良心である。「良心の呵責」を感じることができるのは，この意味での良心が存在するからである。ただし，ブルによると，この道徳的抑制には欠点がある。「第一に，理性が完全に合法的であると判断する行為をそれが非難するという点で，それは不合理的であろう。第二に，抑圧的で断罪的な機能をもつという点で，それは不健康であるといえよう。（中略）第三に，良心が分裂し，「私は何をしましょうか」という緊急の叫びが出されるような道徳的ジレンマにおいては，それは効果がない」（同書，69頁）。

積極的側面の「自我理想」は，自分がかくありたいと考える自我の理想的な姿を指示するものである。それは恐怖に基づくというよりは「愛」に基づく。「自我理想は，本質的には，子供が自分の最

も大切な要求である愛を確実にするために,彼が自分のあるべき姿を描いた心像である。しかし超自我とは異なり,自我理想は,子供が自分の自我理想を形成するにつれて,意識的に発達し成長する」(同書,69頁)。

 自律の段階と年齢との関係については,良心という言葉が子どもの反応に現れるのは,11歳からである。自律のきざしはこのころからと考えられる。顕著な発達を示すのは,女子で13歳から,男子で15歳からである。17歳では男女とも50％ほどが自律の段階の判断を示す。しかし,17歳でも「ウソはいかなる環境でも常に悪い」という他律を示す反応が18％もあるということからしても,いかなる状況でも自律を達成することは非常に困難であるといわざるをえない。

ブルの発達段階理論の主張 ブルの道徳性発達段階の理論は認知発達の視点と同時に,精神分析の視点をも取り入れて総合的なものとして構築されている。その主張に簡単に触れておく。

 (1) 発達段階は連続的であってしばしば重なり合っている。そして,子どもが道徳性を発達させていく場合,決して飛躍することなく順に段階を踏んでいく。

 (2) 発達は認知的であると同時に,情緒的でもある。したがって,道徳的判断をする場合には認知的な要素と同時に情緒的な要素も含まれている。それゆえ,ブルがいう「判断」は『学習指導要領』におけるように,「道徳的判断力」と「道徳的心情」を切り離して考えた場合のものではないことに注意する必要がある。

 (3) 道徳的判断は同じ個人であっても,状況によって変化する。単純ではない。

 (4) 自律は他律に由来する。ピアジェのように,相互性から自動的に自律に到達するとは考えない。したがって,自律への手段としての他律が発達にとっては重要である。

 (5) 他律から自律への橋渡しとして,社会律という相互性の段階

を設定する。

(6) 発達段階の調査の対象を17歳の青年期までを扱っている。ブルの理論が，ピアジェが12，3歳までの子どもを調査対象としているのに比較して，より説得力をもつゆえんである。

(7) 道徳性の発達にはさまざまな要因があることを指摘し分析する（知能・性・宗教・家庭環境）。道徳教育の具体的なあり方を詳細に論じている。

［参考文献］
 L. コールバーグ『道徳性の発達と教育——コールバーグ理論の展開』，永野重史編，新曜社，1985年。
 B. パスカル『パンセ』，前田陽一・由木康訳，『世界の名著24　パスカル』所収，中央公論社，1966年。
 J. ピアジェ『児童道徳判断の発達』，大伴茂訳，同文書院，1957年。
 藤永芳純編『道徳教育の理論』，東信堂，1988年。
 N. J. ブル『子供の発達段階と道徳教育』，森岡卓也訳，明治図書出版，1977年。
 『フロイト著作集』全11巻，人文書院，1968-84年。
 E. フロム『人間における自由』，谷口隆之助・早坂泰次郎訳，東京創元社，1976年。
 森岡卓也「連載・道徳性発達理論の比較研究」，『道徳教育』1981年4月号～1982年3月号，明治図書出版。
 森岡卓也『子どもの道徳性と資料研究』，明治図書出版，1988年。
 文部科学省『中学校学習指導要領解説　特別の教科　道徳編』，2015年。

（藤永芳純）

第4章　道徳教育の授業理論

　本章では，まずアメリカにおける道徳教育，インカルケーション (inculcation)，価値の明確化 (values clarification)，認知発達的アプローチ (cognitive developmental approach) の概要と授業理論について考察する。それを踏まえて，これまでの日本の道徳教育の位置づけや問題点を考えながら，現代的課題としての「特別の教科　道徳」における授業のあり方について論述する。その際，代表的な授業理論として，総合単元的な道徳学習と統合的道徳教育を取り上げ，これから進むべき方向性を考えてみたい。

第1節　アメリカの道徳教育

1　二つの潮流

　アメリカの教育学には，二つの大きな流れとして本質主義 (essentialism) と進歩主義 (progressivism) がある。前者は，歴史の試練に耐えてきた文化遺産の教育的価値を重視し，学校にはそれを次世代に伝達するという，社会から依託された任務があることを強調するのに対して，後者は，子どもの興味・関心・成長欲求を受けとめ，子どもの自発性・主体性を尊重して活動意欲を引き出すことを重視する。

　この観点から道徳教育を眺めれば，本質主義の教育学を継承しているものとして，インカルケーションの道徳教育あるいは品性教育

(character education) がある。この立場では,社会や大人が望ましいと考える価値を子どもに伝達することを道徳教育の目的とする。つまり,教師はさまざまな手法を用いて道徳的諸価値の内面化 (internalization) を図るのである。

一方,1960年代以降のアメリカでは,進歩主義的教育学の流れを汲んだ価値教育や子どもの道徳性の発達研究が盛んに行われるようになった。なかでも,教育現場に広く受け容れられたのが,ラス (Louis E. Raths, 1900-78)・ハーミン (Merrill Harmin)・サイモン (Sidney B. Simon) らによる「価値の明確化」と,コールバーグの「認知発達理論に基づく道徳教育」である。両者に共通するのは,インカルケーションの道徳教育は社会の慣習的価値,例えば正直・親切・勇気・忍耐などを子どもに注入してきたと批判し,ダイアローグやディスカッションを通して,子どもの価値表現や価値判断を尊重する道徳教育を主張した点である。

しかし,この新しい道徳教育も教育現場で実践されるにつれてその限界性が指摘され,再びインカルケーションの道徳教育が見直されるようになってきた。今後は,この二つの流れをどのように統合するかが道徳教育の課題になると考えられる。

2 インカルケーション

価値の伝達 日本やアメリカだけでなくヨーロッパ諸国においても,青少年の自制心の欠如や問題行動が社会問題となっている。いったい,その理由は何であろうか。インカルケーションの立場では,親や教師が子どもにものごとの善悪をしっかり指導していなかった点を指摘する。つまり,人間としての自制心や誠実などの望ましい価値の教育を怠ってきた,というのである。例えば,元連邦教育長官ベネット (William J. Bennett) は,「良い教育とは,技術を教える以上のものである。われわれは,思いや

り，忠節，親切，正直，法を尊重する精神，善悪の基準，勤勉，公平，自己修練などを教えなければならない」と述べている。

また，イリノイ大学のウィン（Edward A. Wynne）は，フォーマルな教育であれインフォーマルな教育であれ，教育の基本は価値の伝達にあると主張する。親や教師は，少年を正しい方向に，そして自らが所属する社会環境に適応するよう徐々に社会化しなければならない。道徳教育は，生来もってはいるがあまり強くはない「利益を求めない犠牲的精神」を洗練するために必要であり，教育の環境は子どもの利他的な心を適切に強化するように組織されるべきである，と指摘する。

教化の必要性　またウィンは，ソクラテス（Sokrates, 469-399 B.C.）よりもプラトン（Platon, 427-347 B.C.）を評価する。ソクラテスの死は，彼がアテナイの若者に施した道徳教育がアテナイの人々に認められなかった結果であり，ソクラテスの教育法は一般教育のモデルたりえなかった。一方，プラトンはソクラテスを尊敬しつつも，子どもを拘束（constraint）して教育することの重要性を認めたので，道徳教育の成果を得たのである。ソクラテスは「無知の知」を強調し，究極的な善の感得は人間の限界を超えたものであるとみなしたのに対し，プラトンは教育の目的として「善のイデア」を知ることとした。両者の顕著な違いは，プラトンが教育における教化（教え込み）を「善のイデア」を感得するための一手段と認めた点にあり，それは「染色の比喩」として表現されている。

> われわれが取り計らっていたことの狙いはほかでもない，彼らがわれわれの法律を確信をもって受け入れることあたかも染料を受け入れるごとくにして，できるだけ美しく染まってくれるように，ということにあったのだと考えてくれたまえ。つまりそうすることによって，彼らが適切な素質をもち適切な養育

を与えられたおかげで，恐ろしいものについても他の事柄についても，彼らの考えがしっかりと色の定着したものとなり，そして，おそるべき洗い落しの効果をもつあのさまざまの洗剤——あらゆる石鹸(せっけん)よりも灰汁(あく)よりもそのはたらきのつよい快楽と，そのほかのどの洗剤にもまさる苦痛や恐怖や欲望——をもってしても，彼らからその染色を洗い落すことができなくなるためにね。

(プラトン『国家』上，藤沢令夫訳，岩波文庫，1979，288-289頁)

アメリカで「優れた道徳教育の伝統」が開花したのは，1880年から1930年にかけて盛んであった「品性教育運動」(character education movement)においてであった。当時は，教師が適切な価値を効果的に教えることに熱心に取り組んだ。そこでは，機敏さ・正直・礼儀・従順などが重視され，小・中学校ではこのような行為を促進するための教育実践が積極的に行われていた。そして品性教育は，歴史や文学の授業，クラブ活動や特別活動，厳しい生徒規則などを通して行われたのである。ウィンによれば，現代に生きるわれわれもこの教育運動に学ぶべきである。子どもは社会の日常生活の基礎的な事柄はある種の教訓によって学ばなければならず，善い悪いをしっかり教えることは大人の責任である，と主張している。

インカルケーションの授業 望ましい価値の内面化を意図するプログラムの代表的なものとして，アメリカ品性教育研究所(American Institute for Character Education)の品性教育カリキュラム(Character Education Curriculum＝CEC)がある。CECの目的は責任ある市民を育成することであり，「責任ある市民とは，行動する前によく考える人であり，自分と他人に対する結果を考慮して行為する人であり，生活において自分の目標を達成するために自己統制(self-discipline)できる人」である。CECでは10の価値単元を設定し

ているが,幼稚園から中学校に至るまでのカリキュラムの内容は次のようになっている。

学年 単元の内容	幼稚園	1年	2年	3年	4年	5年	6年	中学
勇気と信念				*	*	*	*	*
寛容・親切・援助	*	*	*	*	*	*	*	*
正直・誠実	*	*	*	*	*	*	*	*
名誉					*	*	*	*
正義・寛大	*	*	*	*	*	*	*	*
時間と能力の活用			*	*	*	*	*	*
選択の自由		*	*	*	*	*	*	*
言論の自由と市民権		*	*	*	*	*	*	*
個人としての権利		*	*	*	*	*	*	*
機会均等・経済的安全に対する権利		*	*	*	*	*	*	*

一例として,中学生用の資料"正直と誠実"を取り上げてみよう。この単元は8回の授業で構成され,各授業は30分程度である。単元のねらいは,生徒に正しい行為と不正行為の違いをはっきり認識させ,自分の態度を明確にさせることにある。また,そうした行為が他人に対してどのような結果を与えるのかを理解させることである。

その第2回目は,「学校における不正行為」である。この授業の展開部では,生徒にカンニングについてじっくり考えさせてからさまざまな意見を発表させる。そして,終末では,「当人の承認,不承認にかかわらず,他人のやったものを写すこと,またそれを自分のものとして使ったり,教師の許しを得ずしてテストの情報を得ることは不正行為である」ということを生徒から引き出すのである。

考察　インカルケーションの第一の問題は，価値の注入 (indoctrination) に陥る危険性があることである。つまり，「望ましい価値」を子どもに教えなければならないと強く自覚するあまり，教師が授業を支配してしまうと，価値の押しつけになる場合がある。また，特定の価値項目だけを抽出して実際の生活から遊離した状態で教えると，いわゆる徳目主義的授業になる危険性がある。

第二に，「望ましい価値」の内容について，教師間にもさまざまな意見がある。なるほど，正直・親切・公正などは，抽象的なレベルでは望ましい価値として多くの教師に支持されるであろう。しかし，具体的場面になると，解釈が異なる場合がある。例えば，癌患者に対して「正直」にその病名を告げるか否かについて意見が分かれるという事実が，そのことを物語っている。もし，価値内容についての解釈が教師間で異なっているならば，子どもは「正直」という価値を習ったとしても，それは教師の考える「正直」という価値を習ったことになる。この点を「価値の明確化」の立場から論ずれば，価値内容は相対的であるにもかかわらず，インカルケーションの道徳教育では教師の価値を押しつけており，子どもの主体的な価値判断を尊重していない，と批判する。

また，ハーツホーンとメイの研究結果 (1928-30) から，道徳的価値を教えることと道徳的行為との関連性はないとする見方がある。彼らの研究では，ある人がある場面で正直であったからといって，その人が他の場面でも必ず正直であるとは限らない。よって，「正直」をいくら教えたとしてもそれが直接行為に結びつく保証はない，というのである。

とはいえ，インカルケーションは道徳教育の最もポピュラーなものであり，教育現場では支配的である。実際，教師が社会化 (socialization) のプロセスとして，子どもに望ましい価値を伝達すること

なくして学校教育は成立しない。しかし，どんな価値内容をどのように教えるのか，インドクトリネーションの危険性をどう回避するかが，インカルケーションの最大の問題点であるといえよう。

3　子どもの自発性・主体性を尊重する道徳教育
3.1　「価値の明確化」

価値獲得のプロセス　　1960年代の後半から70年代にかけてのアメリカは，ベトナム戦争による社会不安，人種差別問題，宗教問題，性の解放などによって価値の多様化が進むと同時に，価値の対立や混乱が生じてきた。こうした社会状況の中で，アメリカの教師は伝統的な道徳教育の限界を感じていた。そこへ登場してきたのが，「価値の明確化」である。

「価値の明確化」によれば，道徳原理や価値についてすべての人々の意見の一致を見いだすことはできない。各個人の生活経験が違うように，人それぞれの価値観も異なっている。つまり，価値とは，普遍的・絶対的なものではなく，相対的・個人的・状況的なものである。よって，教師は子どもに対して「正しい価値のセット」を教えることなどできないのである。しかし，子どもが自らの価値を獲得するための支援をすることならできる。そこで，学校がなすべきことは，各個人によって異なる価値内容を教えるのではなく，価値を獲得するためのプロセスを援助することである。そしてラスらは，「価値の明確化」の過程として，次の七つのステップを設定した。

　　選択すること：(1)　自由に
　　　　　　　　　(2)　複数の選択肢の中から
　　　　　　　　　(3)　おのおのの選択肢の結果について十分な考慮のあとで

尊重すること：(4) 大切に，その選択に幸福感を抱きつつ
(5) その選択を進んで他の人に対して肯定できるくらいに
行為すること：(6) その選択したことを行うこと
(7) 人生のあるパターンになるまで繰り返し行うこと

ラスらによれば，この七つの基準を満たしたものを「価値」と呼ぶ。大切なのは，あくまでも子ども自身の価値決定の権利を尊重することである。価値変化の激しい社会に生きるわれわれは，さまざまな状況下において価値判断をしなければならず，そのための技術を習得することは現代人の重要課題の一つである。

「価値の明確化」の授業　まず，クラスに受容的な雰囲気を作り上げることが大切である。そのためには，教師は子どもの声に耳を傾け，子どもとのコミュニケーションを円滑にし，彼らに共感を示すことである。例えば，「明確化の応答」(clarifying response) があるが，これは，子どもの考えを刺激したり励ましたりしながら価値の獲得を援助する。

この「明確化の応答」は，子どもの発言を受容することが基本で，道徳的判断をしたり，評価を下したりはしない。また，寛容的な刺激を与えるのはよいが強要はせず，「正しい解答」を示したり，特定の価値に導くようなことはしない。つまり，子どもが自ら価値を明確にすることを援助するのみである。

では，教室の授業ではどのような教材が使われているのか，次に，代表的な例を見ていこう。例えば，「順位づけ」がある。

(1) 友情で一番大切なのはどれですか？
　　（　）忠　誠　　（　）寛　容　　（　）正　直
(2) どれが好きですか？

（　　）冬の山　　　（　　）夏の海　　　（　　）秋の田舎
(3) もし，私があなたに500ドルあげたら，何に使いますか？
（　　）貯金する　　（　　）慈善団体に寄付する
（　　）自分のものを買う

　このように，子どもにいくつかの選択肢を与え，適切と思うものから順番に番号をつけさせる。それを子どもが発表するが，発表したくない者はしなくてよい。また，教師が自分のランキングを発表することもあるが，それは正しいものとしてではなく，いろいろあるものの一つとして示されるだけである。そして，最後にディスカッションをする。

　次に，「価値のシート」（友情）を紹介しよう。「価値のシート」は，生徒の関心を呼び起こすような文章と一連の質問からなっている。価値は個人的なことなので，まず生徒一人ひとりが価値のシートに自分の考えを記入する。それを教師との応答に，また大・小のグループ討議の資料に用いるのである。

(1) あなたにとって友情とはどんな意味をもっていますか？
(2) あなたに友達がいる場合，あなたがその人たちを選んで友達になったのですか？　それとも偶然に友達になったのですか？
(3) あなたはどのように友情を表しますか？
(4) 友情を発展させ，維持することはどの程度大切だと思いますか？
(5) あなたが今までの友情のあり方を変えようとしている場合には，どのように変えたいのか，教えてください。全然変えようとは思っていない場合は，「変えない」と書いてください。

考 察　「価値の明確化」の授業では，すべての子どもの価値表現を受容するので，人それぞれに異なった価値観をもっているという事実を認識させ，授業の参加意識を高めることに効果がある。しかし問題は，道徳的価値とそれ以外の価値とを混同している点である。なるほど道徳以外の価値であれば，すべてを同等に扱うことは可能である。しかし，「生命」や「規律」といった道徳的価値であれば，この二つを同等に扱うことはできない。

　「価値の明確化」では，この世界で価値について唯一の正しい答えというものは存在しないとの前提に立ち，価値は相対的・個人的・状況的であると考えている。しかし，もし一貫性をもってこの考えに従うならば，子どもが自由に選び，よく考えて下した判断であるならば，それをすべて認めなければならないだろう。例えば，ある子どもが，カンニングをすることは彼自身の価値体系の中では別段悪いことではないと考え，それは教師の価値とは違ったものであると主張すれば，カンニングさえも正当化されることになる。

　価値の中で，非道徳的で個人の好みに関わるものなら，教師は子どものもっている価値のすべてを完全に平等に受容することができる。しかし，こと道徳的価値となれば，そうはいかない。ある道徳的判断を示せば，それについての道徳的ジャスティフィケーション（正当化），つまり「なぜそう考えるのか」という理由を明らかにしなければならない。

　「価値の明確化」では，「なぜ」という発問を避け，道徳的ジャスティフィケーションを論じないため表面的な価値認識にとどまり，本来の道徳教育になりえていない。この「なぜ」を追究したのがコールバーグである。

3.2 認知発達論に基づく道徳教育

道徳性の発達　　コールバーグの道徳性発達理論は,「発達が教育の目的である」とするデューイ (John Dewey, 1859-1952) の教育学とピアジェの認知発達論を受け継いでいる。彼によれば,道徳教育の目的は道徳性の発達の促進であり,発達とは第**3**章で説明された段階の上昇を意味する。

コールバーグは,インカルケーションの道徳教育を否定した。というのは,「価値の明確化」の提唱者と同じく,品性教育が掲げる「正直」・「誠実」・「勇気」などの価値内容は文化や個人によって相対的であり,それを教え込むことは子どもの権利の侵害であると考えていたからである。しかし同時に,「価値の明確化」は価値相対主義に陥っていると批判し,モラル・ディスカッションによる道徳教育を提唱した。

不均衡から均衡へ,その過程で同化・調節をしながら認知構造の質的変換が行われるという認知発達理論を拠りどころとして,子どもにディレンマを提示して不均衡状態を経験させ,話し合いを通してより高次の均衡状態にもっていく。これが,モラル・ディスカッションの第一のねらいである。

ピアジェは,子ども同士の社会的相互作用に大きな教育的意義を認めていた。子どもが論理的に考えはじめるのは,他の仲間との交流によって二つまたはそれ以上の観点を考慮し調整することを学ぶからである。よって,子ども同士の相互交流は奨励されるべきであり,最も有益なのは,子どもが仲間といるときは基本的に平等だと感じていることである。子どもが,正しい答えを知っている権威者によって支配されていると感じているかぎりは,主体的な判断を下すことは難しい。ところが,子ども同士の話し合いでは,彼らがお互いに平等だと感じていて,自分の考え方に挑戦してくる考えに刺激されるのである。

コールバーグのモラル・ディスカッションも，教師・子どもの上下関係を排し，子ども同士の意見交流を重視する。モラル・ディレンマをめぐるディスカッションでは，他のメンバーの立場に立って考えることが多く，また他者を説得するためには合理的・客観的視点をとらなければならない。こうした点からも，モラル・ディスカッション法は，道徳性の発達を促進する手段として有効であると考えられたのである。

ディスカッションによる道徳授業　例えば，小学校の低・中学年用資料として，「ホーリーのディレンマ」がある。

　ホーリーは8歳，木登りの大好きな女の子です。近所では彼女が一番木登りが上手です。ある日，ホーリーは過って高い木から落ちました。幸い，下のほうの枝にひっかかり怪我はありませんでした。でも，これを見ていたお父さんはびっくりして，ホーリーに「もうこれからは木登りはしません」と約束させました。ある日，ホーリーとその友達は，仲間のショーンと出会いました。ショーンは，自分の仔猫が木に登って降りられずに困っていました。なんとかしないと，仔猫は木から落ちてしまうかもしれません。ここで，木に登って仔猫を助けてやれるのはホーリーしかいません。しかし，ホーリーはお父さんとの約束を思いだしました。

教師は資料を読み，子どもに問題場面をしっかり理解させてから，次の発問をする。

　「ホーリーは，木に登って仔猫をおろしてやって，ショーンを助けてやるべきですか？　それとも助けてやるべきではありませんか？　それはなぜですか？」

ディスカッションでは，主人公のとるべき行為ではなく理由づけ

に焦点が合わされる。つまり，道徳的ジャスティフィケーションをめぐって話し合いが行われ，同じディスカッションでも「価値の明確化」のそれとは根本的に異なっている。その指導過程は次のようになっている。

① 子どもにディレンマを提示し，次の二つの発問をする。
　「主人公はそうすべきか否か」，「それはなぜか」
② 第一次判断と，その判断理由を考える。
③ 判断理由に焦点を合わせてディスカッションをする（小グループで，クラス全体で）。
④ ディスカッションのあと，第二次の判断と判断理由を考える。

教師の役割は援助者（facilitator）であり，ディスカッションの中心はあくまでも子どもたちである。教師の発言も許されるが，常にメンバーの一員として発言するのであり，決して権威的であってはならない。よって，子どもたちは自己と同等の他者に対して自然に反応し，また役割取得（他者の立場に立って考える）の機会も多く，そのことが結果的に子どもの道徳性の発達を促進するのである。

考　察　　コールバーグ理論の特徴は，道徳を内容と形式に分けて考えた点にある。彼は，相対的である価値内容を教えることはインドクトリネーションであるとして退け，道徳の形式（認知構造）に注目し，モラル・ディスカッションを提唱した。そして，ディレンマを提示し，その判断内容は問わず，判断理由をめぐってディスカッションを行うことで，道徳性の発達を促進することができると考えた。確かに，モラル・ディスカッションは，子どもの積極的な授業参加を促し，彼らの認知発達を促進することが明らかにされた。しかし，道徳教育は道徳の形式的側面だけの指導では不十分であり，その内容を無視することはできない。

というのは，思考形式が同じ段階でも，ある子どもは善い行為を，

他の子どもは悪い行為をなす場合がある。例えば，「みんなから称賛されたい，認められたい」という理由でクラスのために尽くす第3段階の子どももいれば，「仲間から弱虫といわれたくない」との思いで，みんなと同じように万引きをする第3段階の子どももいるのである。

よって，認知発達理論に基づいて段階の上昇を目的とするだけの道徳教育では不十分なのである。つまり，価値内容を教えることを否定してしまっては，道徳教育は成立しない。モラル・ディスカッションは，子どもの主体性を尊重する授業スタイルや認知発達を促進する点に魅力はあるものの，道徳教育としての限界があることも認めなければならないだろう。

4 統合に向けて

コールバーグは，ジャスト・コミュニティ・スクール（正義の共同体学校）を実践する中で厳しい現実を知り，自らの理論を修正する。そして，「私はいまやインドクトリネーションによる道徳教育に否定的見解はとらない。むしろ，道徳教育は部分的にはインドクトリネーションでなければならないと思っている。（中略）道徳教育は子どもの権利を侵すことなく（例えば，ジャスト・コミュニティのような自治のシステムにおいて）唱道すること，または価値内容を教えることの必要性を認める」("Moral Education Reappraised," *The Humanist* 38(6), 1978, pp.13-15) と述べている。

加えて，一度は否定したデュルケム（Émile Durkheim, 1858-1917）の道徳教育を再評価し，彼の社会化理論を受け容れる。そして，教師は，単なる援助者からもう一歩踏み込んで，価値を教えて社会化を促進する人（socializer）でなくてはならないと考えた。このコールバーグの理論修正に，インカルケーションを受け容れて二つの流れを統合しようとする萌芽を見ることができる。

4.1　リコーナの道徳教育論

　リコーナ（Thomas Lickona）は，コールバーグの道徳性の発達理論を尊重しつつも，教師や大人は子どもに価値を教える必要があると論じている。彼によれば，道徳性の核は「尊敬」（respect）である。尊敬とは，自分自身を大切にし，他の人たちを尊敬し，生活の仕方や人々の生命を維持してくれる環境を尊重することである。自分自身を大切にするとは，自己の生命と人格を価値あるものとして扱うことであり，他者への尊敬とは，他者を自分と同等の価値，尊厳性，権利をもつ存在として扱うことである。これは黄金律の精神であり，世界中のどの宗教や文化にも見られる道徳の原理である。したがって，「尊敬」が道徳のすべてではないにしても，それは中心的なものであり，あらゆる人々が同意できるものである。そして，「尊敬」の道徳は，ある特定の年齢において形成されるものではなく，ゆっくりと段階を追って発達していくものである。

　リコーナは，基本的にはコールバーグの道徳性発達理論を支持し，モラル・ディスカッションや「価値の明確化」の有効性も認めている。しかし，コールバーグの理論修正をより重視し，価値の受容や道徳の思考形式だけの指導には限界があり，望ましい価値は教えなければならないとする立場をとる。その場合も，参考にすべきはコールバーグの発達段階論である。例えば，第1段階にいる子どもは，「従順」（obedience）とか「協力」（cooperation）のような具体的行動上の特色のほうが，「信頼」（trustworthiness）とか「忠誠」（loyalty）というような抽象的な特質よりも容易に理解できる。同様に，第3段階にいる子どもは，「信頼」や「忠誠」を，「誠実」（integrity）という高次の概念よりもたやすく理解できるのである。

　またリコーナによれば，学校で教えるべき中心価値とは「尊敬」と「責任」であり，そのほかに正直・公正・寛容・思慮・自己統制・援助・同情・共同・勇気などがある。これらは，尊敬と責任の

形式であり道徳的実践を援助する。そして，民主主義を支える価値の正しい理解と評価は，道徳教育の中心部であると論じている。

4.2 「子ども発達プロジェクト」(Child Development Project)

ワトソン（Marilyn Watson）らによって，北カリフォルニアの小学校で実践された道徳教育は，「子ども発達プロジェクト」（CDP）と呼ばれている。これは，向社会的発達（prosocial development）に焦点を合わせながら，社会化（socialization）を重視する伝統的な道徳教育と認知発達的アプローチとの結合の試みである。

CDP の仮説は，次の三つである。

(1) 大人は子どもの性格形成に重要な役割を果たす。
(2) 品性の発達は，子ども自身の経験・思考がベースになっている。
(3) 適切な環境が与えられれば，子どもは自分と他者に対して関心をもつようになる。

このプログラムでは，大人は子どもに向社会的価値を教え，ガイダンスしなければならないと位置づけると同時に，子どもが価値について話し合い，吟味し，応用する場を設定している。そして，外的なコントロールだけで抑制するのではなく内面化された道徳的思考が必要であり，個人の要求と社会の必要性のバランスが大切であるとの前提で実践された。つまり，CDP は次の4点に道徳指導のポイントを置く。

① 支援的な「大人―子ども関係」を形成する。

子どもは，肯定的な関係をもつ大人を見習い，自分が扱われるように扱う傾向がある。そこで，CDP では，親や教師は子どもと温かく支援的な人間関係を保つように計画されている。こうした関係が，子どもを向社会的行動へと向かわせるのである。

② 子どもに社会的価値を提示する。

子どもは大人から，社会的慣習を学ぶだけでなく，歴史的に蓄積された道徳的英知（moral wisdom）を学ばなければならない。研究の示すところによれば，向社会的モデルの提示や道徳的行動の説明・説得によって，子どもはそうした行動をとる傾向がある。

③ 子ども同士が相互関係をもつ場面や社会的行動をとる機会を与える。

CDPでは，子ども同士の相互作用や社会的行動をとりやすい多くの場面が計画されている。これによって，子どものセルフ・コントロールの発達を促進し，道徳的理解と仲間に対する関心を呼び起こし，社会的行動を学ばせることができる。

④ 道徳的問題について考え，話し合う機会をもつ。

道徳的問題について考えたり話し合ったりする機会をもつことは，子どもの道徳観を発達させる。子どもが，予期せぬ状況においても道徳的決定ができるためには，主体的な道徳的推論の能力を発達させることが肝要である。また，他者の感情・動機・必要性について，共感する能力をも育成しなければならない。

考　察　リコーナの道徳教育論やCDPは，伝統的な道徳教育と認知発達的アプローチとを統合することによって，そのどちらをも超えようとした。

伝統的な道徳教育の目的が望ましい価値の伝達であったように，リコーナは「尊敬」と「責任」を中心とした道徳的諸価値を，CDPは子どもに道徳的英知（moral wisdom）を教えることを重視している。しかし，インドクトリネーションとは明確に区別し，道徳的規則や規範をそのまま教えるのではなく，その背後にある理由の説明や話し合いに重きを置いている。また，ある価値がなぜ大切なのかをじっくり考える時間を与えるとともに，それを子どもに経験させようとしたのである。

一方，多くの認知発達論者のように子ども同士の交流のみにウエートをかけるのではなく，教師のガイダンスの必要性を論じ，特に，低学年の子どもにとっては〈大人―子ども〉の相互作用（interaction）が大切であると説いている。ただ，子どもが青年期に入ると，〈大人―子ども〉の関係より仲間関係のほうが重要となり，それが彼らの道徳性発達の中心的役割を果たすことになる。よって，子どもの発達段階に即した対応を考えながらカリキュラムの整備をすることが，第一の課題である。

課題の第二は，道徳の授業研究である。アメリカの道徳教育は，全体的なプランはあっても，道徳授業の指導過程や発問の検討といった実践的研究は遅れている。それは，日本のような特別な道徳の時間枠がなく，道徳授業そのものがまだまだ一般化していないことに一因がある。教育現場に根ざした実践的研究として，CDPの発展が期待される。

アメリカの子どもたちの現実は，ある意味では危機的状況にある。そして，多くの識者が道徳教育を重視せよと説いているにもかかわらず，何を教えるかについての共通理解に困難をきたしている。これは，多種多様な民族・文化・価値を抱えている社会ゆえの問題点であり，何を道徳教育のコア価値とするかも今後の検討課題である。

ともあれ，これからのアメリカの道徳教育は，子どもの自発性・主体性を尊重する道徳教育とインカルケーションの両者を受け容れ，子どもの実態に即した実践的な道徳教育が主流になっていくと考えられる。

第2節 日本の道徳教育

1 道徳教育重視の背景

現代日本において，道徳教育を重視しなければならない時代的背

景として，次の三つをあげることができる。

　第一に，情報化・国際化・価値観の多様化などの大きな社会的変化に対応するために，主体的に判断し行動する力を育てる教育への質的転換を図る必要がある。その教育改革の基盤となる道徳教育にあって，子どもの多様な価値観を受け容れ，かつ子どもの主体性を尊重する道徳学習を実践しなければならない。

　第二に，科学技術の進歩や経済の急激な発展に伴ってさまざまな社会問題，例えば生命や環境に関する問題が生じてきた。このように，脱工業化社会における新しい倫理を構築しなければならない時代にあって，あらためて「人間としてのあり方や生き方」についての自覚的な道徳教育が求められている。

　第三に，現在では社会問題と化している児童・生徒のいじめ・自殺・非行問題がある。これについてはさまざまな原因が考えられるが，その根本は「抑止力となる児童・生徒の道徳性が育っていないこと」があげられる。つまり，子どもの心を耕す教育がまだまだ不十分であり，子どもの実態に即した道徳指導が求められている。こうした反省に立って，人間尊重の精神を核として，日常生活に生きて働く道徳教育が展開されなければならない。

　前節では，アメリカの道徳教育を取り上げ，インカルケーションと子どもの自発性・主体性を尊重する道徳教育を対比しながら論じてきた。この観点から見るならば，昭和33(1958)年に「道徳の時間」が特設されて以来，わが国ではインカルケーション的指導が中心であった。そして，望ましい価値の内面化を図るという枠組みの中で，どうすれば価値の教え込みにならずに子どもの道徳性を育成するかが問題とされてきた。

　しかし，現代日本の社会的背景を踏まえるならば，これまでの枠組みを超えてより総合的な観点から道徳教育を見直し，子どもの多様な価値観を受け容れて彼らの自発性・主体性を重視する実践が要

請されている。

2 総合単元的な道徳学習

子どもの自発性を尊重する実践の一つに,「新しい学力観」に基づく総合単元的な道徳学習がある。「新しい学力観」に基づく授業とは,子どもが積極的に参加し,自ら学ぼうとする意欲を育てる授業である。これまでの学力観では,「基礎・基本」が知識や技能を中心に考えられていた。そして授業は,知識や技能を効率的に習得するために,教師から一方的に学習活動の内容や方法を指示する傾向があり,子どもは受け身的であった。「新しい学力観」では,単に知識や技能だけでなく,思考・判断,学習意欲などの総体が基礎・基本であると幅広くとらえることによって,子ども主体のアクティブな授業を創造しようとする。

押谷由夫は,課題意識を明確にしたり,課題の追究をしたり,さらに発展的に道徳学習をすることが,子ども自身の主体的な活動として行われることが大切であると主張し,そのために「道徳の時間」を中心として総合単元的な道徳学習が行われるように指導計画を構想することを提案した。

大きな学習サイクル　総合単元的な道徳学習とは,「道徳学習」という言葉に表れているように,「新しい学力観」に立った「子どもたちが作る授業」である。いいかえれば,子どもの内面にある知識体系や価値体系を再構成し,意欲的によりよく生きることを求めていく授業であり,できるかぎり子どもたちに学習活動をまかせながら,内容的な高まりを求める授業である。

道徳教育は,「学校の教育活動全体を通じて行う」ことを基本とし,「道徳の時間」はそれを補充・深化・統合するということが昭和33年以来の一貫した考え方であったが,それは必ずしも十分に具

現されてきたとはいいがたい。そこで、総合単元的な道徳学習は、各教科や特別活動等それぞれの側面から耕される道徳性を押さえ、「道徳の時間」と関連づけて大きな学習サイクルとしてとらえている。

これまでの道徳授業は、1時間1主題で、しかもそれが事前・事後指導に関係なく、単発的になされる傾向があった。それに対し、総合単元的な道徳学習では、事前・事後指導を指導過程に組み込み、「道徳の時間」を道徳学習の一つのプロセスとして位置づける。つまり、1時間完結型の授業スタイルにとらわれずにフレキシビリティのある道徳学習を展開するのである。

押谷は、道徳授業を次のように構想している。

(1) 導入段階では、子どもたちが学習する事柄に対する課題意識をもち、その延長で授業が行われるようにする。
(2) 展開の段階では、子どもたちが、資料の場面に自らの思いや想像を豊かにして入り込み、感じたこと考えたことを自由に表現でき、それが生かされるようにする。
(3) 終末の段階では、特にまとめにこだわらず、むしろ子どもたちが本時の学習において深めた道徳的価値についての思いを確認しながら、さらなる自らの課題が自覚でき、それに取り組んでいこうとする意欲が喚起されるようにする。

なかでも、終末のまとめにこだわらないとした点は、これまでの道徳授業のあり方に変革を迫るものである。これはパラダイム・チェンジを意味し、もっと大きく総合的に道徳教育をとらえようという視点がそのベースにある。そして、生活単元や経験単元のみに偏らず、広く教材単元や現実に即した単元のくくりをも考えながら、子どもたちの道徳学習の多様なパターンに対応していけるようなプログラムの開発を行った。

総合単元的な道徳授業　ここでは,「思いやりの心を育てる総合単元的な道徳学習」を吉本恒幸の報告をもとに見ていこう。まず,吉本は主題を次のようにとらえている。すなわち,子どもたちに,「美しいものを美しいとして素直にとらえる心,他の人の喜びや悲しみを自分のこととして喜び悲しむことができる心,苦しみ悩んでいるものを見れば助け励まさずにはおられない心,などが確かに自らの内に芽生え,育まれていることに気づかせることは大切である。そして,その心は,人との触れ合い,自然や社会との触れ合いの中で生きる人間としての最も価値ある心であることを,一人一人にしっかりと自覚させていきたい。そのためには,道徳の時間を含めた全ての教育活動を通して,子どもたちの生活の中に見られる小さな思いやりの心や行為を励ましていくことが重要である」(「ダイナミックな道徳授業の展開」,83頁)。

次に,思いやりをもった子ども像として,「人に対していたわる」,「物を大切にする」,「動植物を愛護する」,「他とのちがいを認める」,「人と仲よくする」,「差別や偏見をもたない」の六つを設定する。さらに,子どもの日常生活全般を含めて,各教科・領域等における指導内容と思いやりとの結びつきを把握する。つまり,「道徳の時間」を中心に全教育活動との関連性を踏まえて計画を練るのである。

```
地域社会での生活
家 庭 で の 生 活    ➡  道徳の時間  ⬅  各 教 科
学 校 で の 生 活                      特別活動
                                      これまでの道徳授業
```

例えば,道徳授業「みんななかよし」は,次のように行われる。
①事前に,生活科で「むかしあそびの会を開こう」を実践している。そのねらいは,「友達同士教え合いながら楽しい昔遊びをすることができる。お年寄りとの交流を通して,温かい心で接すること

の大切さがわかる」である。

　②それを踏まえて，道徳授業「みんななかよし」を，資料「ぐるぐるまわれ」を使って行う。この時間のねらいは，「幼い人や困っている人には，温かい心で接し，親切にしようとする心情を育てる」である。

　③事後は特別活動「友達のよいところを見つけよう」へと発展し，ねらいは「友達のよいところを見つけることを通して，友達を大切にしようとする態度を育てる」となっている。

　この道徳授業「みんななかよし」は，間接的には，学級活動や学校行事などをも含む全教育活動を踏まえて行われるのであるが，直接的には，教科（生活科）と特別活動とに関連づけられている。こうしたサイクルは，1学期にも「春の遠足」（自然や動植物と身近に接する。特別活動）―「やさしい心で」（自然に親しみ，やさしい心で接する心情を育てる。道徳の時間）―「育てようザリガニを」（生き物を大切にする。生活科）で行われている。「みんななかよし」は，これらをも踏まえて実践するとの位置づけである。

　確かに，総合単元的な道徳学習を計画すれば，従来は独立した「点」となりがちであった「道徳の時間」が，「線」で結ばれ「面」で支えられて，立体的な道徳教育を構想する可能性が開かれる。そのポイントは，大きくは次の4点にまとめられるだろう。

(1)　プロセス重視の「道徳学習」を展開する。
(2)　「道徳の時間」と各教科や特別活動との関連をもたせて，事前指導・事後指導を考える。
(3)　道徳授業は1時間1主題という枠組みを超えて，大きく「単元のくくり」を考え，多様な方法を用いてフレキシビリティのある授業の組み立てを行う。
(4)　「新しい学力観」に基づいて，子どもの立場に立った授業展

開を行う。

考　察
　しかし，総合単元的な道徳学習にも問題点はある。
　まず第一に，教科や特別活動等で行われる道徳教育を強調しすぎた場合，「道徳の時間」の存在意義を薄くしてしまう恐れがある。例えば，子どもの活動的・行動的な授業方法が強調され，従来の読み物資料が顧みられなくなったり，生活経験だけで話し合いが展開されるとなれば，全面主義的な道徳教育に後退することにもなりかねない。また，10時間の単元で，そのうち「道徳の時間」が1時間か2時間という構想などが示されているが，この時間配分であれば重点となるものが教科や特別活動の学習に流れてしまう危険性もある。総合単元的な道徳学習は，「道徳の時間」を中核として行うことをしっかり押さえておかなくてはならない。

　第二に，計画の段階で総合的な広い視野から道徳授業をとらえようとしている点は評価できるが，あまりにも範囲を広げすぎた場合，学習すべき内容が漠然としてしまう可能性がある。逆に，計画が細かくなりすぎては教師に負担をかけることになるだろう。要点を逃さずに，しかもコンパクトにまとめる工夫が必要である。

　第三に，総合単元的な道徳学習では，できるかぎり子どもに学習活動をまかせながら一人ひとりのよさを伸ばすことを重視している。しかし，子どものよさを強調するあまり，人間としてすべきことや，してはいけないことの学習がおろそかにならないように注意しなければならない。

　ともあれ，総合単元的な道徳学習は，子どもを主体とした授業を展開し，子どもの立場に立って学習を支援していくことを重視する。しかし同時に，『学習指導要領』で示された内容項目を教えることが前提としてあり，また教師の願いを子どもに伝えることの必要性をも強調している。こうした観点は，大きくは第三の流れ，つまり

インカルケーションと子どもの自発性・主体性を尊重する道徳教育とを結合しようとする流れに位置づけることができるだろう。

3 統合的道徳教育

アメリカの道徳教育に学び、それを日本の現状にあった方法で受け容れ、新しい道徳教育を考えようとしているのが、伊藤啓一の主張する統合的道徳教育である。これは、「子どもに道徳的価値を伝達すること」と「子どもの道徳的批判力・創造力を育成すること」との統合をめざすものである。そして、これまでの日本の道徳教育の研究成果を踏まえて、CECのプログラム化したカリキュラムや「価値の明確化」、モラル・ディスカッションなどを取り入れながら、新しい道徳授業の展開を試みている。

<small>道徳授業の二つのアプローチ</small>　高岡浩二は、「新しい学力観」に立つ授業は、児童が「課題に進んでかかわり、自ら考え判断し表現することを基軸にして展開される必要がある。また、その過程において新たな知識や技能を自ら獲得するようにし、児童一人一人の思考や判断、表現などの体系の中に組み込まれるようにすることが大切である。このようにして身についた能力は、児童のその後の学習や生活に生きて働く力、すなわち自己実現に役立つ力となる。これを基礎・基本としてとらえ、学習指導を創意工夫することが肝要である。このことによってこそ、「基礎・基本の重視」と「個性を生かす教育」とはその本質において同義語となる」（今月のことば「新しい学力観」）と述べている。

統合的道徳教育では、このような「新しい学力観」に賛意を示しながらも、1時間の授業については、この二つを分離する立場をとる。例えば、「基礎・基本の重視」と「個性教育の推進」について、上杉賢士は次のように述べている。「よく考えてみると、この二つは相互に逆の方向性をもっている。基礎・基本的内容は、「誰も

が等しく身につける」ことが望ましい。それに対して、個性を重視するのは、むしろ「誰とも等しくない」のが原則である。にもかかわらず、「金太郎(飴)方式」では、一時間の授業の中で、この両者を同時に満足させようとする。しかし、それは、所詮無理な相談というものである」(「教育活動相互の関連性」, 15頁)。

そこで、統合的道徳教育では、1時間の授業でこの矛盾する二つの概念を常に同時に満たそうとするのではなく、そのどちらかにプライオリティをつけることを提案する。つまり、道徳授業を次の二つの型に分けるのである。

「A型」(伝達・納得型)：ねらいとする道徳的価値を教える(内面化する)ことを第一義とする授業
「B型」(受容・創造型)：子どもの個性的・主体的な価値判断や価値表現の受容を第一義とする授業

「A型」(伝達・納得型)でも、できるかぎり子どもの個性を尊重し、主体的な道徳学習の場を設定する。しかし、これは第二のプライオリティであり、第一のプライオリティは、ねらいとする価値を教えることである。「B型」(受容・創造型)の場合は反対で、ある価値項目を設定して価値内容の深まりを期待するものの、プライオリティの第一は、あくまでも子どもの個性的・主体的な道徳的価値の表現・探究活動である。

統合的道徳教育が、子どもの個性的・主体的な価値判断や価値表現の受容を第一義とする「B型」授業の導入を強調するのは、従来の日本の道徳授業が、教師が定めたねらいとする道徳的価値を教えることを第一義とする「A型」授業が中心であり、このアプローチだけでは道徳授業が十分に成果をあげてきたとはいいがたいとの認識があるからである。そこで、「A型」授業の限界性を補うために、かつ、時代的要請としての価値の多様化に対応するために、「B型」

授業の必要性を説いているのである。しかし，このことが「A型」授業それ自体を否定するのではない。そうではなく，「A型」を基本としながらも「B型」を受け容れ，バランスよくプログラム化して両者の統合を図ろうとしているのである。

この「A型」の道徳授業は第1節で述べた「インカルケーションの道徳教育」に，また「B型」は「子どもの自発性・主体性を尊重する道徳教育」に対応する。また，この二つのアプローチをプログラム化によって統合しようとする試みは，リコーナやCDPの主張と共通点をもっている。

統合的プログラムの道徳授業　一例として，小学校高学年を対象とする「友情」のプログラムについて見ていこう。

〈第一時〉「私の友情観」：「B型」

「友情」について，子どものもっている「価値の明確化」を試みる。子ども自身の価値観を振り返り，「友情」を考えるためのイントロダクションと位置づける。

① 「友情とは何か」，「最良の友とは」について考える。
② 個人的な価値観を発表する。教師はすべてを受容し，子どもたちはお互いに認め合い，価値観の違いを確認する。
③ 親友の条件を箇条書きにして，その優先順位をつけ，なぜそうなるのかの理由づけを考えて発表する。

この時間は，子どもの個性的価値表現の受容と「友情」を考える動機づけをねらう。

〈第二時〉「友の肖像画」：「A型」

資料「友の肖像画」を使い，「友情とは，互いに助け合い，信頼し合うことである」ということをねらいとする授業を行う。これは従来行われてきたオーソドックスな「A型」であり，子どもに望ましい価値を伝達することに主眼を置く。子どものさまざまな意見を

受け容れながらも,教師は,「ねらいとする価値」に方向づけて,友情には「助け合う心,信頼し合う心」が大切であることを理解させる。

〈第三時〉「マラソン大会」:「B型」

資料「マラソン大会」を使い,モラル・ディスカッションを行う。ここでは,道徳的認知発達の促進をねらうとともに,第二時で学んだ「友情」にゆさぶりをかける。ディレンマがディレンマとして認識されるためには,その前提として,子どもなりのしっかりとした価値観が必要である。第一時で自分の友情観を明確にしたこと,第二時で友情についての基礎的内容を理解したことが,ディスカッションで有効に働くと思われる。

〈第四時〉「走れメロス」:「A型」

資料「走れメロス」を使い,「真の友情とは」,「人間を信頼するとは」について第二時よりもう一段高いレベルで思考し,道徳的心情を深める。メロスとセリヌンティウスの友情観,人間的弱さともろさ,それを乗り越えた彼らの強さとすばらしさを理解させる。

考　察　　統合的道徳教育は,「A型」と「B型」を組み合わせることによって,「子どもに道徳的価値を伝達すること」と「子どもの道徳的批判力・創造力の育成」との統合をねらっているというが,その実際的な成果はまだ明らかではない。単なる機械的な組み合わせでそれが行えるわけではなく,統合の中身を吟味する必要がある。そのためにも,今後の実践で子どものプログラムにおける価値変容を示す具体的なデータの提示が望まれる。

第二の問題点は,例えば第二時と第四時を比較して,後者では前者よりもう一段高いレベルで思考し道徳的心情を深めるとしているが,この高いレベルといい心情を深めるというときの基準が不明確である。確かに,コールバーグの道徳性の発達段階理論は道徳的思

考を評価する際の一つの基準を提供してはくれる。しかし，個々の授業評価に使うとなれば，これでは不十分である。同様に，心情の深まりについての基準の作成も今後の課題である。

また，一つのプログラムを3時間から5時間で構成するというが，学校や学年の重点価値に関わってプログラムを組むことはできても，内容項目の全体を見渡した計画をどのようにするかという問題がある。つまり，『学習指導要領』との整合性が検討されねばならない。

確かに，統合的プログラムは新しい道徳授業の一提案として教育現場に受け容れられる可能性はある。しかし，越えねばならないバリアーはまだまだ多い。

4 今後の方向性

平成27(2015)年3月，『学習指導要領』の一部改正が行われ，「道徳の時間」は「特別の教科　道徳」となった。そして，これまでの反省を踏まえ，「登場人物の心情理解のみに偏った形式的な指導」から，「実効性」のある対処能力に焦点をあてて，「考え，議論する道徳」へと「質的転換」を図ろうとしている。

<small>批判的吟味による伝達と創造の統合</small>　道徳授業の「質的転換」は，「二つの概念が互いに矛盾・対立」する題材の取扱いがポイントになると思われる。日常生活で生きて働く道徳，「実効性」のある道徳を実現するためには，これまで主流であった「道徳的価値の自覚を深める」授業に加えて，「自覚した道徳的価値を批判的に問い直す」授業が必要である。なぜなら，子どもは普段の生活で「相反する道徳的価値について，どちらか一方の選択を求められ（中略）答えは一つではなく正解は存在しない」場面に出会うからである。

例えば，「友情・信頼」（友達と互いに理解し，信頼し，助け合うこと）を学んでも，「公正・公平」（好き嫌いにとらわれず，誰に対しても

分け隔てをしない）と衝突するケースがある。にもかかわらず，これまではこうした題材を避ける傾向にあった。

　道徳的価値と価値との「葛藤」や，価値の「例外的な事象」を扱えば，既習の価値の「批判的吟味」が行われる。この種の授業では，モラル・ディスカッションのような批判・創造的方法が有効である。ディレンマをめぐっての話し合いでは，子どもが主体的に価値を修正，創造するとともに，俯瞰的に眺め，より広い視点に立って，より根本的に問い直すことを可能にするからである。

　「批判的吟味」を含んだ授業の導入は，子どもに価値を「相対化」して考える機会を設けることであり，その前提に「道徳的価値は，人間生活において大切であり尊重すべきものであるが，それは"仮の正しさ"である」との考え方がある。この観点こそが，インドクトリネーションを回避し，道徳の伝達と創造を統合するための足がかりになると思われる。

　今次の改革の中心となる「考え，議論する道徳」には，誰もが発言できるクラスの雰囲気づくりが必要条件となる。それには，「価値の明確化」が強調する「受容的アプローチ」が有効である。まずは，教師自身が子どもの考えをしっかりと聴き，それを受け容れる態度で接することである。同時に，この「受容的アプローチ」は「伝達型授業」にも好ましい影響を及ぼし，価値の内面的な自覚に向けての子どもの「学び」を促進する。

　ただ，伝えた価値を絶対化することなく，暫定的なものとして位置づけ，子どもの「批判的吟味」を促す「創造型授業」を積極的に行いたい。要するに，これからの道徳授業は，間口を広げて「伝達的アプローチ」だけでなく「受容的アプローチ」や「創造的アプローチ」をも取り入れることである。

マルチディメンショナル・アプローチ　アメリカでは，かつてラスやコールバーグが否定したインカルケーションの道徳

教育を再評価し，道徳的知識・道徳的心情・道徳的行為を包括した総合的な道徳教育が展開されようとしている。そこでは，「価値の明確化」やモラル・ディスカッションの限界を補うため，望ましい価値を子どもにどのように教えるかが問題となっている。

　一方，わが国では，これまでのインカルケーションの道徳教育の成果の上に，「価値の明確化」やモラル・ディスカッションといった，子どもの主体的な価値判断や価値表現を尊重する道徳授業をどのように取り入れようかと腐心している。

　その課題とするものは違っていても，基盤とする考え方には共通するものがある。今後の道徳授業は，総合的な観点からバランスのとれたマルチディメンショナル・アプローチ（multidimensional approach）が主流になると考えられる。

[参考文献]

伊藤啓一『統合的道徳教育の創造』，明治図書出版，1991年。

伊藤啓一「新時代の授業づくり――「批判的吟味」による質的転換を」，『道徳教育』695号，明治図書出版，2016年（5月号）。

上杉賢士「教育活動相互の関連性」，『学校運営研究』377号，明治図書出版，1991年（1月号）。

押谷由夫『道徳教育新時代――生きる喜びを子どもたちに』，国土社，1994年。

L.コールバーグ・A.ヒギンズ『道徳性の発達と道徳教育――コールバーグ理論の展開と実践』，岩佐信道訳，広池学園出版部，1987年。

高岡浩二「新しい学力観」，『初等教育資料』560号，東洋館出版社，1991年（3月号）。

文部省『小学校指導書　道徳編』，1989年。

文部科学省『小学校学習指導要領解説　特別の教科　道徳編』，2015年。

吉本恒幸「ダイナミックな道徳授業の展開」，押谷由夫監修『ダイナミックな道徳授業の創造と展開』，文溪堂，1993年。

L.E.ラス・M.ハーミン・S.B.サイモン『道徳教育の革新――教師のための「価値の明確化」の理論と実践』，遠藤昭彦監訳，ぎょうせい，1991年。

T.リコーナ『リコーナ博士の子育て入門――道徳的自立をめざして』，三

浦正訳, 慶應通信, 1988年.

T. リコーナ『リコーナ博士のこころの教育論——〈尊重〉と〈責任〉を育む学校環境の創造』, 三浦正訳, 慶應義塾大学出版会, 1997年.

Hartshorne, H. and May, M. A., *Studies in the Nature of Character. Vol. 1 : Studies in Deceit. Vol. 2 : Studies in Self-Control. Vol. 3 : Studies in the Organization of Character*, New York : Macmillan, 1928-30.

Lickona, T., *Educating for Character : How our schools can teach respect and responsibility*, New York : Bantam, 1991.

Mulkey, Y., *Decisions About Me : Teacher's Guide*, Texas : American Institute for Character Education, 1989.

Watson, M., Solomon, D., Battistich, V., Schaps, E., and Solomon, J., "The Child Development Project : Combining Traditional and Developmental Approaches to Values Education," in L. Nucci (ed.), *Moral Development and Character Education*, California : McCutchan, 1989.

Wynne, E. A., "Character Building ; Transmitting Values in Schools," *Curriculum Review* 26 (1), 18-22, 1986.

(伊藤啓一)

第5章 学校における道徳教育の全体構想

第1節 構想と計画

道徳教育全体構想の意義 　学校における道徳教育の全体構想とは，道徳教育を構成している要素，あるいは道徳教育に関連するできるだけ多くの要素を考慮し，組み立てることである。いいかえると，学校における道徳教育とは何であるかを，できるだけ多くの視点から考えることである。

　道徳が人と人との関係の中での望ましい生き方であるとすれば，道徳教育とは生きることの指導であるといえる。したがって，道徳教育の全体構想とは，人が生きることに関わるあらゆることを構想することである。しかし，そのような抽象的な発想だけでは現実の教育活動と結びつかない。拡散的になりがちな構想を重点化し，方法化することによって，実現可能なものにする必要がある。

道徳教育全体計画の必要性 　構想と教育活動とを結びつけるのが計画である。計画とは，物事を行うにあたっての方法や手順などを明らかにすることである。全体計画は，目標や内容，内容間の関連，さらには他の領域との関連などを明らかにすることである。それゆえ全体計画は，時代や社会情勢に応じて，また地域や学校の実態に即して，多元的・拡散的な構想の重点化を図ることが必要である。計画性のない構想は単なる思いつきと変わらず，不安定であ

り，偏る場合がある。

　小・中学校の『学習指導要領』には，各学校においては，校長の方針の下，道徳教育推進教師を中心に，全教師が協力して道徳教育を展開するため，スコープ的な道徳教育の全体計画と，シークェンス的な道徳科の時間の年間指導計画を作成する旨が示されている。

第2節　全体構想

1　学校における道徳教育

　学校における全教育活動での道徳教育　小・中学校の『学習指導要領』の「総則」では，「学校における道徳教育は，特別の教科である道徳（以下「道徳科」という。）を要(かなめ)として学校の教育活動全体を通じて行うものであり，道徳科はもとより，各教科，〔外国語活動，〕総合的な学習の時間及び特別活動のそれぞれの特質に応じて，〔児童〕生徒の発達の段階を考慮して，適切な指導を行わなければならない」（〔　〕内は小学校用）としている。したがって，道徳科における指導はもちろん，各教科，外国語活動，総合的な学習の時間および特別活動，さらに休憩時間や登校・下校時などにおいても道徳教育が行われる。しかも，その指導は「適切」に行われなければならない。「適切」とは，目標に沿った内容が学習者の実態に即して効果的になされることをいうのである。そのためにも道徳教育全体の構想を計画として明確にする必要がある。

　学校における問題　学校にはさまざまな問題がある。問題とは解決を待つ事柄である。もっと平易にいえば，問題とは「困らされる物事」である。理想と現実との乖離(かいり)，計画と結果とのずれ，教師同士の指導観の相違，などが問題となる。とりわけ，教師にとって最大の問題は，教師の指導目標と児童・生徒の実態（発達度・意欲度・達成度など）との差，あるいはばらつき

である。教師にとっては一瞬一瞬が問題である。つまり一瞬一瞬，新たな問題が生じ，それが変化している。問題が変化しているので，全体構想・全体計画を立てることは難しい。しかし，問題が変化しているからこそ，全体構想・全体計画を立てる必要がある。それを弾力的に活用していくのである。

　道徳教育推進教師を中心に，教師の間での徹底した話し合いによって，目標・内容・指導法・対策などに対する共通理解を形成，確認しながら全体構想・全体計画を立てることが望ましい。さもないと，児童・生徒への対応がちぐはぐになり，児童・生徒を混乱させ，有効な道徳教育とはならない。

道徳教育における問題　学校における道徳教育，特に道徳科への反発や消極的な態度がいまだにある。その理由はいくつか考えられる。

(1)　道徳に対する無理解

　これは，道徳や道徳性の概念などがよく理解されず，教師の間に共通理解がないからである。中心概念が曖昧なままでは指導はできない，という考えである。しかし，他の領域においても必ずしも完全に中心概念が理解されているわけではない。

(2)　「修身」復活の危惧

　歴史的な視点から，昭和33(1958)年に特設された「道徳の時間」を「修身」の復活とする考えがあり，「道徳科」も同じようにとらえられている場合もある。しかし，軍国主義や全体主義を助長したような修身を復活させないためにも，道徳教育の全体構想と全体計画を明らかにして，教師全員が納得のいく道徳教育に取り組む必要がある。

(3)　道徳科の授業への不安

　これまで道徳の時間への取り組みが十分でない小・中学校もあった。また教職課程の「道徳の指導法」（教免法上の名称）等において

も，道徳科の実際的な運営まで論じられることは少ない。そのため，道徳科に対して未経験な教師が多い。これは，未経験からくる，道徳授業の実施不安や効果を疑問視する考えである。しかしこれは，実施学校を見学したり，校内で研究授業をして万全を期することができる。

(4) 道徳指導と生活指導あるいは生徒指導との混同

　生活指導とは，児童・生徒が自分たちの問題を自分たちの力で解決できるよう，児童・生徒に働きかけていくことを通して，児童・生徒の問題解決能力を高めていくことであり，生徒指導は，教育課程のすべての領域，すべての場面において児童・生徒に働きかけることである。一方，道徳指導は，人と人との関係や崇高な自然との望ましい生き方を指導することであるといえる。

(5) 教師自身の卑下

　これは，聖人・君子でなければ道徳指導はできない，という考えである。もとより完全な人間はありえないし，完全でありつづけることはさらに難しい。生徒と同様に教師自身が道徳教育の目標に向かって常に努力し，反省することが必要である。いうなれば，努力と反省を率先垂範する教師の姿勢が道徳指導を可能にするのである。

(6) 道徳内容の完全習得不可能論

　これは，例えば節度・感謝・正義など，『学習指導要領』に示された内容のすべてを完全に習得することは不可能だ，という考えである。しかし，それは道徳科に限ったことではない。各教科の内容を完全に習得したり，特別活動において完全に活動する児童・生徒はほとんどいないであろう。現実が不完全だからといって，目標や目標に沿った内容を否定はできない。

(7) 学校における道徳教育不要論

　これは，道徳教育は家庭あるいは地域社会においてなされるべきで，学校教育にはなじまない，という考えである。道徳教育はもち

ろん家庭や地域社会においてもなされる。しかし，学校という教育の場は，今日さまざまな問題をかかえつつも，多くの優れた特性をもっている。この場合の学校の特性とは，仲間と教師の存在と計画性であろう。そういった学校の特性を生かした道徳教育が必要である。

(8) 道徳教育不可能論

これは，道徳は教えられない，という理論である。教えられないものを道徳と考えるならば，もちろん道徳は教えられない。確かに古来，「道徳は教えられるか」という問いは繰り返されてきたし，重要でもある。しかし今日，あまりにも教育の知的あるいは技術的な面が重視されているように思われる。それこそ教育概念の矮小化である。道徳の意義を十分に考え，道徳教育を含む教育概念の構築こそ重要である。

道徳教育を実施する教師の心構え 教師は教育の専門家であるとはいっても，完全な教育者でも完全な人間でもない。教師は常に教育を問題にしつづけなければならない。「問題」とは，自分に未知なるもの，自分と対立するものであり，「問題にする」とは，それを避けるのではなく，最善の解決策を探求することである。

道徳教育は教師の態度・言動によって大きく変わる。その態度・言動を支えているのが教師の心である。すなわち，教師の心の構えが道徳教育を大きく左右するのである。また，計画された道徳教育を個々の実態に即して弾力性をもたせるのも，教師の力量であり心構えである。全体計画立案の時点から教師には次のような心構えが必要である。

(1) 創造意欲（「もっとよく」の意欲）

これは，教師があらゆる教育活動において，常によさを求め，よさの実現を求める心構えである。それには二つの方向が考えられる。

「他者創造意欲」と「自己創造意欲」とである。

(ア)「他者創造意欲」とは,教育の対象である子ども・学習者がよりよくなることを願い,アガペー的な心を傾ける意欲のことである。

(イ)「自己創造意欲」とは,教師自らが自己を高めようとする意欲である。向上心,エロース的な自己完成意欲とでもいうべきものである。

(2) 平 等 意 識(「みんな同じ人間」の意識)

これは人間の同等性に向けられる意識である。教師が,児童・生徒だけでなく,教師を含めたすべての人間が平等・同等であるという理念を基礎に教育活動にあたる心構えである。はたして児童・生徒の何が同じなのか。境遇,身体,知能など現実にはさまざまな差異が存在する。こうした差異を超えて,あるいは差異の奥底にある同等性に目を向ける姿勢である。生物的な種の同等性や人権の同等性も考えられるが,道徳教育の視点から,「可能性の同等性」と「個性の同等性」に注目したい。

(ア)「可能性の同等性」とは,子どもの潜在能力は未知であり比較できない,ということである。それだけに無限の可能性を秘めているといえるし,それを期待することができる。教師のその期待によって児童・生徒の潜在能力をいっそうよく発揮させる効果があり,「ピグマリオン効果」と呼ばれる。それは可能性の同等性を傍証しているといえる。

(イ)「個性の同等性」とは,顕在化した能力や傾向の多様性を特定の基準で評価,序列化するのではなく,その多様な能力や傾向を同じように素晴らしいとすることである。最近では受験学力などが過大評価されているように思われる。もっと多様な能力や傾向が同等に評価されることが望まれる。

(3) 生命歓喜（生きていることの充実感）

　これは教師自身が生きていることに充実感をもっていることである。生きるとは物が「ある」というのとは違う。生きるということは，生まれ，生活し，いずれ死ぬということである。その自覚が深まるにつれて，自分はどのように生きているか，どのように生きるべきかが反省される。生活を充実させるとは，いいかえると，生きる喜び（生命の歓喜）を実感することである。それはさらに，人や自然と共に生きる歓喜である。しかし，教師自身に生の充実感がなければ，よりよく生きることを指導する教師の主体的な根拠が薄れる。

2　道徳教育の目標の検討

　道徳教育の全体を構想するにあたって，目標は重要である。目標とは，目的を達成するために設ける具体的な目当てである。目的は行為や活動に方向性を与えるものである。

　「教育基本法」の第1条には，教育の目的が次のように記されている。「教育は，人格の完成を目指し，平和で民主的な国家及び社会の形成者として必要な資質を備えた心身ともに健康な国民の育成を期して行われなければならない」。

　この教育目的を踏まえて，『小・中学校学習指導要領』の「総則」においては，道徳教育の目標が次のように記されている。「道徳教育は，教育基本法及び学校教育法に定められた教育の根本精神に基づき，人間として〔自己〕の生き方を考え，主体的な判断の下に行動し，自立した人間として他者と共によりよく生きるための基盤となる道徳性を養うことを目標とする」。その留意点として，「人間尊重の精神と生命に対する畏敬の念を家庭，学校，その他社会における具体的な生活の中に生かし，豊かな心をもち，伝統と文化を尊重し，それらを育んできた我が国と郷土を愛し，個性豊かな文化の創

造を図るとともに，平和で民主的な国家及び社会の形成者として，公共の精神を尊び，社会及び国家の発展に努め，他国を尊重し，国際社会の平和と発展や環境の保全に貢献し未来を拓く主体性のある日本人の育成に資すること」があげられている。

これは，学校の教育活動全体を通じて行われる道徳教育の目標であり，留意点である。これをさらに詳細に検討することにする。

(1) 自己の生き方を考え，主体的な判断のもとに行動し，自立した人間を育成する。

自己の生き方を考えるとは，いいかえると自問することである。自問によって確立されるのが主体である。自立は安易に他に依存することなく，また他に従属しないことである。ゆえに自問を促し，適切な指導のもと，問題解決の判断を児童・生徒に委ねることである。

(2) 他者と共によりよく生きる人間を育成する。

人は一人では生きられない。共生は実は人とだけではなく，他の動植物や自然との共生でもある。「よりよく」は現状に満足するのではなく，自己の変革，向上と社会の改善，改革を目指す姿勢である。ゆえに児童・生徒に新たな視点や発想を促し，尊重することである。

(3) 道徳性を養う。

道徳性とは，人間としてよりよく生きようとする人格的特徴であり，道徳的判断力，道徳的心情，道徳的実践意欲と態度を構成要素としている。その道徳性を養うためには，よりよく生きるために必要とされ，人間としてのよさを表したものである道徳的諸価値についての理解と一人一人の内面における統合が不可欠である。道徳的

諸価値の統合とは、一見矛盾するような価値志向性のバランスを図ることでもある。志向性とは、心・意識が積極的に何かに向かうことである。道徳性は3対のパラドクシカルな基本志向から成り立っていると考えられる。第一は「自己志向」と「社会志向」である。前者は自己を際立たせ、後者は社会や集団を際立たせる志向である。第二は「分離志向」と「結合志向」である。前者は対象の相違点を区別し際立たせ、後者は対象の共通点を手がかりに包括を志向する。第三は「内面志向」と「外面志向」である。前者は熟慮・反省によって思考を深化、実感させ、後者は思いを言葉や態度に表現することである。すなわち道徳性を養うとは、これら3対のパラドクシカルな基本志向を知・情・意のそれぞれにおいて調和的に拡大させることであるといえる。

(4) 人間尊重の精神と生命に対する畏敬の念を培う。

　人間尊重とは、人格の尊重、人権の尊重といえる。それは人間であること、人間として生きていくことの尊重である。そのためには、各自が人間であることを自覚し、同時に、他の人も自分と同じ人間であるという認識が必要である。

　生命に対する畏敬とは、生命あるいは生きているという事実をただ科学的な視点からのみ見るのではなく、不思議な、崇高なものとしてとらえることである。これは、生命は人命に限られるのではなく、人間以外の存在における生命も大切にしなければならないという考えを表現したものともいえる。生命を個体に即して考えれば、死を直視することも必要である。また生命を普遍的に考えるならば、宇宙大の生命、永遠の生命も考えなければならない。だからこそ、畏敬という、人間の知恵を超えた存在に対する感情を培う必要があるのである。科学の最先端の知識を習得した宇宙飛行士が宇宙から地球を見て「一つの生命体」と表現しているのは、このような畏敬

の念からであろう。

(5) 豊かな心を育む。

「豊かな心」とは広く，深く，弾力性に富んでいる心である。「広く」とは，例えば，人を思いやることができることであり，地域や社会を身近に感じ貢献できることであり，さらには国際的，地球的に物事を考え行動できることである。「深く」とは，偏った情報に左右されることなく，主体的にじっくり考えることができることである。また，「弾力性」とは，自己の考えに固執することなく，対話やコミュニケーションによって，よりよい考えや態度を志向できることである。

(6) 伝統と文化を尊重し，それらを育んできたわが国と郷土を愛し，個性豊かな文化の創造を図る人間を育成する。

「文化」は "culture" の訳語的意味が強い。"culture" とは「人間性（human nature）を耕すこと」であり，あるいはその「成果」を意味している。人間は自然に対して働きかけ，社会の中で言葉や礼儀，規則などを学び，まねることによって心は耕され，伝統や文化を継承することができる。

心や精神の形成は文化の中でなされる。文化とは，人々の心や精神が歴史を通して地域の中で形式化，様式化してきたものである。文化の歴史的側面を重視したものが伝統である。言葉はもちろん礼儀や規則など，人は伝統や文化を離れて生活することはできない。伝統や文化は真空中には存在しない。それらは具体的な地域，そこに生きる人々と不可分である。その地域に生きた人々が伝統や文化を育んできたのである。

「郷土」とは厳密には生まれ育った所であるが，今日的には「今住んでいる地域」である。「個性豊かな文化」は，郷土をよく知り，

郷土を愛することによってこそ，創造が可能である。個性は個体における独自性であるが，それは誕生当初からの属性ではなく，成長を通して形成される属性である。個性豊かな文化とは，個性を豊かにする文化であり，個性豊かな人々の創造する文化である。

(7) 公共の精神を尊び，(民主的な)社会および国家の発展に努める人間を育成する。

「民主的」とは，特定の個人や集団に不当な権限や優遇を認めず，いかなる立場や考えも絶対に正しいとは考えず，あらゆる人々の訴えが考慮されることである。それは個人の尊厳と自由を主張しているが，個人の完全無欠性を意味しているのではない。異なる個性の存在を平等に認めるところに自由が実現される。異なる個性を平等に調和させるのが「公共の精神」である。

こうした自由と平等は社会や国家においては対立することもある。そこに規範の存在意義がある。規範は伝統と多くの人々の意志に支えられて存在している。道徳教育においては，規範を直接取り上げるよりも，その規範の由来する意志や生き方を取り上げるのである。現在の規範も絶対的なものではなく，よりよいものに変えていかねばならない。それが民主的な発展である。

道徳教育においてはあらゆる児童・生徒の訴えを考慮するが，公共の精神のもと，自由と放縦・わがままとは区別して，暴力や特権を認めない生き方，在り方に注意を向けさせる。

(8) 他国を尊重し，国際社会の平和と発展や環境の保全に貢献する人間を育成する。

国家や民族・種族はそれぞれ異なる歴史，文化，法体系をもっている。他国を尊重するとは，自国を独善的に評価するのではなく，世界のさまざまな国・地域・民族のことをよく知ることである。違

いを認め合わなければ，優劣，差別の感情から争いが生じる。争い は優劣を競い合うことであるから，相手の否定に繋がる。そして戦 争になる。平和は，単に武力行使がないという状態ではなく，相互 に知り合おうとする努力の中に存在する。平和は人間の心の中に確 立すべき道徳的課題である。一方，戦争は破壊を伴う。それは人の 生命を破壊するのみならず，地球環境をも破壊する。地球環境の保 全は平和が前提となる。そのうえで各個人の地球への愛情や慈しみ が不可欠である。何億年もの間，生命を育んできた地球，何万年も の間，人類が築いてきた文明・文化を支えてきた地球を次の世代に 残していかなければならない。さらに住みよい地球にして。

(9) 未来を拓(ひら)く主体性のある日本人を育成する。

　主体性とは自分の行動や生き方を自分で決めることである。他人 任せの態度や，いざというときに決断ができないのは主体的ではな い。確かに，決めるときには苦しみを伴い，決めた結果には責任を もたなければならない。

　「日本人の育成」については国際化に反するとの考えもあるが， そうではない。"National" と "International" について考えるならば， "International" とは "National" なものを確立し，大切にしつつ，そ の相互の関係を深め，広めていくことであるといえる。つまり，自 分の存在のよって立つ基盤を確立せずして他との関係を重視するの は，かえって他に対する依存や従属になりかねない。他の国家や民 族の文化・伝統を重視するように，自分たちの文化・伝統に誇りを もつことが大切である。自分に親しみのある文化や伝統はまさに自 分の存在の一部である。

3 道徳教育の内容の検討

『学習指導要領』では，日常生活において道徳的によいと思われ

る品性や行為などを文章化し，それらを四つの視点にまとめている。

(1) 主として自分自身に関すること。

児童・生徒が自分の心と体と生活を振り返り，それらをよりよくする視点である。徳目的キーワードをあげれば，自主，自律，自由と責任，誠実，節度・節制，向上心，個性の伸長，希望と勇気，克己と強い意志，真理探究，創造などである。

例えば，「自律」とは，ルールや，伝統や，規範としての「律」を認識し，自らに課して振る舞うことができる能力である。

(2) 主として人との関わりに関すること。

人との関わりには煩わしさも伴うが，関わりによって人は生まれ，関わりによって心は豊かになる。関わりとは相互交流であり，コミュニケーションである。よりよく生きることは他者との豊かな関わりによって実現する。豊かな関わりとは，お互いによく知り合い，尊敬し合うことである。

徳目的キーワードをあげれば，親切，思いやり，感謝，礼儀，友情，信頼，相互理解，寛容などである。

例えば，「思いやり」とは，自分の思いを相手に向け，相手の思いを慮ることである。慮るとは相手の心を推測，解釈し，自分の思いを近づけることである。身体的表現をすれば，寄り添うことである。

(3) 主として集団や社会との関わりに関すること。

人は集団・社会の中で生まれ，生活し，死ぬ。その集団・社会には，構成員はもちろん，伝統，文化，習慣，雰囲気があり，法律，制度，言語がある。例えば，人がその集団・社会の法を守れば，法がその人を守る。自分がどのような集団・社会に属しているかの自

覚をもとに，その集団・社会のことをよく知ることによって，愛着が生まれる。さらに集団・社会で活動する機会を通して，その伝統，文化，決まりなどを体験的に学ぶことができる。

　徳目的キーワードをあげれば，規則の尊重，遵法精神，公徳心，公正，公平，社会正義，社会参画，勤労，公共の精神，家族愛，家庭生活の充実，よりよい学校生活，集団生活の充実，伝統と文化の尊重，国や郷土を愛する態度，国際理解，国際親善などである。

　例えば，「遵法精神」とは，自分の属する集団・社会の法や約束を大切にし，守ろうとする心構えである。自分が法や約束を守れば，自分の権利や自由が守られるのである。違法は社会を破壊するだけでなく，自分を破壊することになる。

(4) 主として生命や自然，崇高なものとの関わりに関すること。

　生命は心臓や脳のような器官ではない。生きていることが生命である。生命の大切さは，生きていることを素晴らしいと自ら歓喜するところに自覚されるものである。その歓喜の自覚を通して自他の生命を尊重することができる。人間以外の動物だけでなく，山や川や草木などの自然との交わりを通して，生命の広がりや繋がりを自覚する。自然は人間の日常を圧倒する崇高さの一面をもっている。そのような崇高さに対する感動を高め，同時に畏敬の念を深める。例えば，環境保全については，生命を支えている地球の自然環境を知り，保全の方法を探究しなければならない。地球生命的発想も必要である。

　徳目的キーワードをあげれば，生命の尊さ，自然愛護，感動，畏敬の念，生きる喜びなどである。

　例えば，「自然愛護」とは，悠久な存在であり，生命を育む存在である自然に親しむことによって，人間の有限性を自覚するとともに，独善を反省し，自然環境の保全に参加したり，貢献する態度で

ある。

第3節 全体計画

1 計画の作成

全体計画の意義　(ア) 道徳科の目標や内容に示される道徳的諸価値を、具体的な教育活動や日常生活の中で児童・生徒が身につけていくための指導を行う基盤となる。
(イ) 道徳科を要(かなめ)として、学校全体で行う道徳教育を有機的・効果的に推進する基礎になる。
(ウ) 総合的な学習の時間との関連を図る。
(エ) 道徳教育推進教師を中心にしながら、全教師による一貫性のある道徳教育の推進を可能にする。
(オ) 家庭や地域社会における道徳教育との関連を図る契機になる。
(カ) 道徳教育の全体構想を道徳指導に結びつける。

作成の基本原理　(1) 理念性
理念とは思考の方向性である。具体的には、その学校の教育目標や道徳教育の重点目標、さらには各学年の重点目標や道徳の時間の指導方針が明確であることである。道徳教育は、人と人との関係におけるよりよい生き方を志向・指導する教育であるので、その「よりよい生き方」とはどのような生き方かを計画においていっそう明確にすることである。

(2) 構造性
構造とは思考の筋あるいは骨組みである。つまり、計画における内容相互の関連が明確であることである。特に重点課題との関係がしっかりしていることである。表現された計画は平面的にならざるをえないが、実際の構造は重層的・立体的・有機的である。したがって書式としては、文章だけによる表現ではなく、図式化するなど

の工夫が必要である。

(3) 一貫性

一貫性とは思考や指導の流れが中断しないことである。例えば，各学年の重点目標などが矛盾なく計画されていることである。また，理念や目標が実際の指導に生かされるシステムになっていることである。また，人間尊重の精神と生命に対する畏敬の念を培うことを重点目標に掲げるならば，いじめや自殺の問題，さらには人類の生存に関わる自然環境の問題も計画の中に位置づけ，そしてそれらの問題について家庭や地域社会とどのように連携するかの見通しを立てることである。

(4) 弾力性

学校や地域社会のさまざまな事態の変化に対応できることである。変更を加えても理念から外れないこと，構造が崩れないことである。弾力性のない計画は束縛となる。しかし弾力性は，計画そのものよりも，計画を実行する教師の融通性や決断に負うところが大きい。

作成上の留意点

(1) 全教師の協力

全体計画を意味あるものにするためには，道徳教育推進教師を中心にしながらも，全教師の協力によって計画を作成し，それを全教師が共有する。例えば，土足禁止の場所を児童・生徒が土足で歩いているのを教師がどのように指導するかを話し合い，共通理解をもつことが，全体計画を生かすことになる。具体性・現実対応の曖昧な計画は役に立たない。

(2) 指導成果の評価システムの組み込み

道徳科に関しては，教科における評価と同様の評価を行うことは適切ではない。しかし児童・生徒の道徳性の実態を把握すること自体が評価行為となる。そもそも指導と評価とは表裏一体のものである。評価の方法・解釈・表現は，数量化だけでなく，多様である。

評価をそれぞれの分野・領域の目標への接近の度合いと考えると

しても、二つの視点が考えられる。教師と授業の評価である教授成果の評価と、児童・生徒の学力の評価である学習成果の評価とが考えられる。

評価をするかぎりは、評価の意義・目的、内容・基準、方法を明確にしておく必要がある。

最大の意義・目的は、以後の指導の改善に生かすことである（フィードバック）。『学習指導要領』の総則には、児童・生徒の「よい点や進歩の状況などを積極的に評価するとともに、指導の過程や成果を評価し、指導の改善を行い学習意欲の向上に生かすようにすること」とある。

評価の内容は道徳性であるが、評価をするかぎり、できるだけ道徳性の構成要素を明確にしたほうがよい。例えば、道徳的判断力、道徳的心情、道徳的実践意欲と態度など、また内面―外面、自己―社会、分離―結合の各志向がどの程度であるかなどである。善悪・正邪の短絡的な評価は慎まなければならない。

方法としては、観察、面接、質問紙、検査、作文、投影法、事例研究などがある。教師の恣意的な評価に陥らないように、複数の方法を用いることが望ましい。さらには教師間の評価の突き合わせも有効である。

全体計画作成の手順

(ア) 学校における道徳教育の重点目標を設定する。
(イ) 各学年の指導の重点を設定する。
(ウ) 各教科、特別活動、総合的な学習の時間、その他の教育活動、さらには日常生活の指導における指導内容を検討するとともに、道徳科との関連を明らかにする。
(エ) 学校の環境整備の具体的な方針を明らかにする。
(オ) 家庭や地域社会およびその地域社会における小学校、中学校、高等学校、特別支援の諸学校との連携・協力について具体的な

方針を明らかにする。

全体計画の内容　　『学習指導要領』には次のように示されている。——「道徳教育の全体計画の作成に当たっては，〔児童〕生徒，学校及び地域の実態を考慮して，学校の道徳教育の重点目標を設定するとともに，道徳科の指導方針，第3章特別の教科道徳の第2に示す内容との関連を踏まえた各教科，〔外国語活動，〕総合的な学習の時間及び特別活動における指導の内容及び時期並びに家庭や地域社会との連携の方法を示すこと。」

全体計画には，例えば次のような事項を含めて作成することが望ましい。

(1) **教育関係の諸法規**

例えば，日本国憲法，教育基本法，学校教育法，教育関係法規，学習指導要領，都道府県市町村教育委員会の方針などを考慮する。

(2) **時代や社会の要請や課題**

例えば，ESDの促進，地球環境の悪化，エイズ対策，未成年者の喫煙対策などを考慮する。これには種々の『白書』も参考になる。

(3) **学校や地域社会の実態と課題**

例えば，児童・生徒がよく集まる場所や危険な場所を調査する。

(4) **教職員や保護者の願い**

例えば，教師や保護者に対するアンケートなども有効であろう。

(5) **児童・生徒の実態と発達段階**

例えば，児童・生徒の実態調査を実施して，それを基に発達段階を検討する。

(6) **学校の教育目標**

例えば，通知表などにも表示し，児童・生徒，教師はもとより，保護者にも周知される内容である。

(7) **道徳教育の重点目標**

例えば，学校の教育目標をうけて，学校の実情に合わせて目標を

重点化する。
　(8)　各学年の重点目標
　例えば，児童・生徒の成長・実態を加味して，しかも一貫性のある目標を重点化する。
　(9)　道徳科の指導方針
　例えば，各教科や特別活動における道徳指導が補充・深化・統合されて，道徳科の指導において生かされる方針を立てる。
　(10)　各教科，外国語活動，総合的な学習の時間及び特別活動などにおける道徳教育の指導方針，内容及び時期
　例えば，各教科の指導内容にも道徳的要素が多く含まれているので，それらを生かす工夫をする。
　(11)　外国語活動における道徳教育の指導方針や指導内容及び時期
　(12)　特別活動における道徳教育の指導方針や指導内容及び時期
　例えば，学級・生徒会・クラブなどの代表者の会合を定期的に開催する方法もある。
　(13)　総合的な学習の時間における道徳教育の指導方針や指導内容及び時期
　例えば，環境について，主体的，創造的，協同的に学ぶことを通して，自分の生活や生き方を考えることができるようにする。
　(14)　学級・学校環境の充実・整備や生活全般における指導の方針
　例えば，清掃だけでなく，校内の草花の手入れや壁の塗装なども計画する。
　(15)　家庭，地域社会との連携の方法
　例えば，学校評議員との意見交換，学校運営協議会，PTA，校区における自治会などの各種団体との連絡協議会などを開催する方法もある。

2 教科・(外国語活動・)総合的な学習の時間・特別活動・その他の活動における道徳指導

各教科における道徳指導　人が成長して，社会や世界で生きていくには多様な事柄を身につけていかなければならない。それらをある共通の理念や特質などで分類し，学校教育用に組織した「まとまり」が教科であるといえる。科学・技術・芸術など人類の文化遺産を多様な視点から教育的に組織した教科もあれば，身体の発育を促し，体力や技能の向上を目指す教科もある。道徳教育は「生きる」あるいは「生き方」の教育である。

　生きることについて先人たちが考え，論じた内容は文化遺産である。例えば哲学，倫理学，文学，宗教などでは生きることをさまざまに論じ，表現されている。しかし，生きることそのものは文化遺産ではない。しかしまた，生きることそのものを直接に指導することは困難である。そこで文化遺産などを方法としてそれを指導するのである。道徳科は「生きる」に関わるまとまりの教科である。生きることはその他のどの教科や領域とも密接に関わりがあり，要であるので特別の教科である。

(1) 国 語 科

　国語科の目標にある，国語を正確に理解し，思考力や想像力を養うことが道徳性を養うための基礎・基本になることはいうまでもない。例えば，教材の文学作品などに登場する人物の心情や態度を通して，自己の心情や態度の反省を促すことができる。また伝記的な作品からは，具体的な人間関係の中での人間の生き方を指導することができる。

(2) 社 会 科

　道徳は人と人との関係の中での人間の生き方を問題にするが，それはいいかえると，社会的存在としての生き方である。例えば，日本の歴史を学ぶことを通して自分たちを取り巻く文化や伝統を正し

く理解させる。自分の属する国土や郷土を学ぶことによって理解が深まり，愛着が増す。また公民的分野の学習では，まさに社会的存在としての生き方を学ぶことになる。

(3) 算数・数学科

算数・数学科では，数量・図形の知識やその操作技能を身につけ，いろいろな事象についての見通しを立て，論理的に考える能力を高めるとともに，それらを生活に活用するよう指導するのである。数理をもてあそぶのは決して目標ではない。例えば，数理的な手続きは曖昧さを嫌い，真実が明らかになる場合も多い。また，見通しや論理的思考は道徳的判断の基礎になっており，必要である。

(4) 理　　科

理科は，自然に対する観察や実験を通して，自然の事物・現象についての理解を深め，科学的な見方・考え方を養うのである。自然愛や環境保護の態度を養うためには，自然環境を正しく認識したうえで，判断・評価し，さらに自分との関わりを考える。しかし現代の科学では説明できない事物や現象にも気づき，人間の傲慢を反省して畏敬の念を培うことにもなる。

(5) 生 活 科

生活は道徳実践の場である。小学校の低学年では，理科と社会科を廃して，生活科が新たに設置された。ただ合科されたのではなく，身近な社会や自然の中で，具体的な活動や体験を通して，より生活に密着した習慣や技能を身につけさせることを目標としている。例えば，あいさつすることを通してその種類や場面を学んだり，近所の公園などでは公共施設の大切さや季節の変化を学ぶ。

(6) 音 楽 科

音楽科は音の表現や鑑賞によって豊かな美的情操を養うことを目標としている。「音楽は静寂の中から生まれる」ともいわれるように，音を楽しむには静かさを大切にしなければならない。よい音楽

の表現や鑑賞によって得られた感性は，人格や品性の形成に大きな役割を果たす。合唱や合奏の活動は集団の結束を高め，協調性を養う。また鑑賞によって音楽に込められた文化や伝統を学ぶ。リズム感は規律正しい生活と深い関わりがあるように思われる。

(7) 図画工作科・美術科

形の表現や鑑賞によって豊かな美的情操を養うことを目標としている。造形的な創造活動は児童・生徒の創造性や独創性を豊かにし，個性を発揮する機会を与える。美しいものに触れ，感動する心は，身の回りを整理・整頓し，身近な生活環境を美化する態度に繋がる。例えば，写生では対象をまず正確に見る必要があるが，そうした態度は真実を求める姿勢に必要である。

(8) 家 庭 科

家庭科の目標に掲げられているように，「家庭生活についての理解を深め，家族の一員として家庭生活をよりよくしようとする実践的な態度を育てる」ことは，まさに家族という集団・社会に関わる道徳性を養うのに重要な役割を果たす。例えば，家族とともに住む家屋は安らぎを与え，食事の団欒は温かい人間愛を育み，衣服の適切な選択や修理は合理的な生活に欠かせない。こうした衣食住の意義を理解することは，家族の一員としての自覚を高めることになる。

(9) 技 術 科

技術科は家庭生活や社会生活に必要な技術の習得を通して，生活を工夫し創造する能力と実践的な態度を養う。技術とは，事物や環境に働きかけて，それをうまく変えたり操作するやり方であるといえる。道具や機械を使うことも多く，それらが大掛かりになると環境を破壊しかねない。また工夫や創造の余地のある生活，すなわち少しは不便な生活に耐えることも必要である。安易な改善や便利さは工夫・創造の意欲をなくさせる。

(10) 体育科・保健体育科

　この教科では，体を適切に動かす運動の実践と経験を通して，自分自身の健康を増進し，安全な身のこなし方を習得する。またチームプレーによって競争と連帯の社会性が養われ，ルールに従うことによって公正・正義の態度が養われる。記録や運動能力のより高い目標を目指して努力することは，道徳的実践である。

(11) 外国語科・外国語活動

　この教科，活動を通して，外国語で積極的にコミュニケーションを図ろうとする態度を育てるとともに，異なる言語や文化に対する関心を深め，国際理解の基礎を培う。

総合的な学習の時間に
おける道徳教育の指導
　平成20(2008)年の『学習指導要領』の改訂で「総合的な学習の時間」の時間数は減ったが，一層の充実が図られ，目標や指導計画の作成，内容の取り扱いが明示された。例えば，目標に掲げられた「自ら」「主体的」な活動や態度は，道徳において自分自身を見つめ，集団や社会における人間としての生き方の自覚を構成する重要な要素である。また「学び方やものの考え方」，問題解決力や探究力など，形式陶冶的な学習成果は，目まぐるしく変化する社会に対応して，たくましく生きる力の育成に不可欠である。人と人との関係という集団や社会において，一人ひとりが人間らしく生きる生き方を豊かにするのが総合的な学習である。

　ところで，目標にある「よりよく問題を解決する」ためには，道徳的な判断力や実践力が欠かせない。また，目標の末尾にある「自己の生き方を考えることができるようにする」は，道徳教育そのものといえよう。このように総合的な学習の時間はその目標から見て，道徳的な指導の観点なしには進められない時間なのであり，いろいろな機会に適切な道徳の指導が可能なのである。

　また，この時間の学習活動として，「国際理解，情報，環境，福

社・健康などの横断的・総合的な課題」,「児童(生徒)の興味・関心に基づく課題」,「(地域の人々の暮らし,伝統と文化など)地域や学校の特色に応じた課題」などが例示されているが,現代社会の重要な問題や身近な課題に取り組むことは,自分たちの道徳的価値観を確立し「自己の生き方を考える」機会なのである。さらに,この時間の学習を主体的に展開したり,体験的学習や問題解決学習に取り組むなかで,道徳的実践力を鍛え洗練することができる,といえよう。

特別活動における道徳教育の指導 道徳教育の目標は,特別活動という実践の場面における指導を通して達成されることが多い。特別活動は,集団活動を通して調和のとれた発達と個性の伸長を図り,集団の一員としての自覚を深めるとともに,集団の中で自己を生かすことを目標としている。一つの学校にはさまざまな集団があり,児童・生徒は集団活動をしている。学校そのものが一つの集団であり,ほかに班,学級,学年,クラブ,生徒会などの集団がある。集団の中にはさまざまな役割があり,児童・生徒は集団の一員としてその役割を果たすことになる。それによって実践的な態度,つまり集団の中での生き方が養われる。また,個性の伸長は自主的・自発的な活動を通してなされる。

道徳の時間に育まれた道徳的な判断や心情が,特別活動の自主的・自発的・実践的な活動において道徳的実践力として大いに生かされる。また特別活動のいろいろな具体的場面が道徳の時間の生きた資料となり,それらが道徳の時間に補充・深化・統合されることによっていっそう内面化される。

(1) 学級活動

これは学級を単位とする活動である。学級集団の中でなんらかの役割を受けもつ。学級生活の充実向上を目指す。集団の中で自己を生かす。楽しい共同生活を築く。

(2) 児童会・生徒会活動

児童会・生徒会は学校の全児童・生徒によって構成されている。学校生活の充実や改善を図る。生徒の自発的・自治的な活動である。児童の自主性を重んじる。自発的・自治的な活動の意欲を高めるように指導する。規約や組織の改廃，役員や委員の選出などは平等・公正を旨とする。

(3) クラブ活動（小学校）

これは共通の興味や関心を追求する活動である。共感的な雰囲気とともに，固有の役割を果たすことによって生きがいがもてる。異年齢の集団である。

(4) 学 校 行 事

学校行事は，学校全体または学年などの比較的大きな集団の単位による活動である。例えば入学式や卒業式などの儀式的行事においては，厳粛で清新な気分とともに生活の節(ふし)を明らかにし，反省や決意を新たにする機会である。また，修学旅行や野外学習などにおいては，平素の生活環境と異なる自然や文化に親しむとともに，公徳心を体験的に学習する。

生徒指導と道徳教育　生徒指導とは，学校における教育活動を円滑に進めていくための精神的な条件を整備する活動ということができる。いじめ，非行，暴力などの問題行動に対して道徳教育の充実が期待されるが，即効的な対策をするのは道徳指導の役割ではない。児童・生徒の個々の問題行動に対する直接的・具体的な指導は生徒指導である。計画的な生徒指導は難しいが，生徒指導を通して明らかになってきた問題を道徳指導に生かしていく。

家庭・地域社会との連携　児童・生徒の生活の場は大半が家庭，学校，地域社会である。したがって道徳の指導がそれぞれの場でばらばらに行われたり，互いに矛盾しているならば，学校

における道徳指導は十分な成果を期待できない。そのためには，具体的に連絡会をもったり，学校行事に保護者や地域社会の役員を招待して交流を図ることも大切である。

　しかし，現実は容易ではない。児童・生徒の犯罪的な違法行為は問題とされるが，不道徳的な行動は大人自身が尻込みをしてしまう。例えば，児童・生徒の喫煙が違法であるのは不健康が理由であるが，それを禁止すべき教師や保護者が児童・生徒のいるところで喫煙するのでは，禁煙指導は効を奏さない。おまけに，地域社会において，大人が火気厳禁の場所でタバコをくわえたまま作業をしたり，吸い殻を所構わず捨てているようでは，なおさらである。

　真の連携とは，児童・生徒に対する大人たちの率先垂範の内容を話し合い，それを大人たちが実行することだと思われる。ごみ処理や交通モラルなどもその内容である。

道徳教育の全体計画の表現形式　全体計画の表現形式に定型はないが，それに盛り込むべき内容・項目，さらにそれらの関係を示す構造図の例として，「道徳教育の全体計画の構造（A中学校の例）」を示す（表1）。また，具体例として，B中学校およびC小学校の「道徳教育の全体計画」を示す（表2・3）。

　表1～3のチャートの各フレームを結ぶ線や矢印が実際にどのような活動を意味しているかを，さらに具体的に表現する必要があるように思われる。その連結線や矢印の意味する活動が各教師に理解され共有されてこそ，全教師が一丸となった生きた道徳教育の全体構想が実現されるのである。

第5章　学校における道徳教育の全体構想　167

〈表1〉　道徳教育の全体計画の構造（A中学校の例）

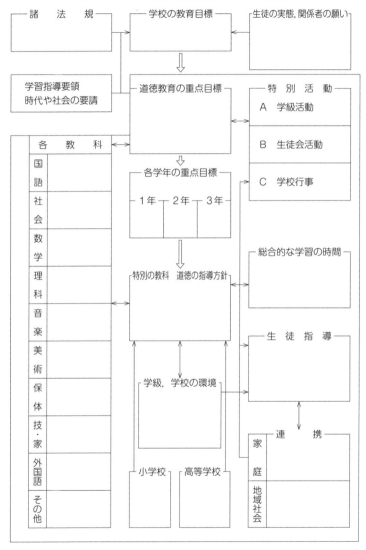

〈表2〉 道徳教育の全体計画（B中学校の例）

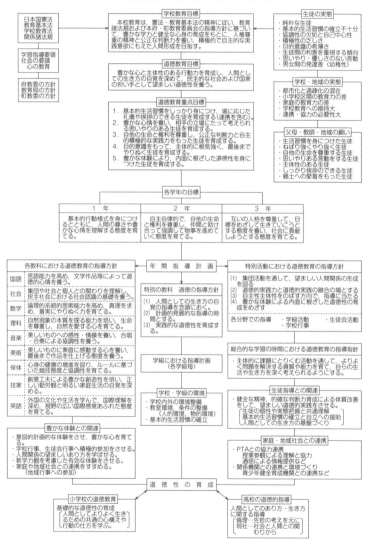

第5章 学校における道徳教育の全体構想

〈表3〉 道徳教育の全体計画（C小学校の例）

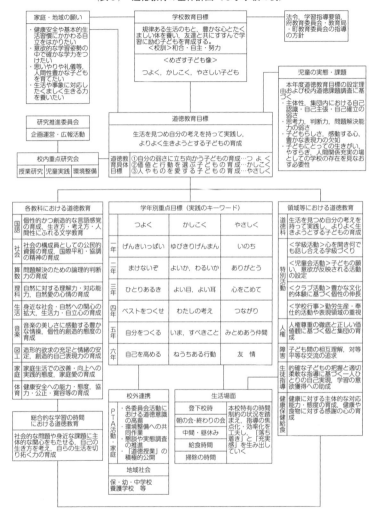

『学習指導要領』では，道徳の内容との関連を踏まえた各教科，（外国語活動，）総合的な学習の時間および特別活動における指導の内容および時期を示すことを求めている。一例を示す。

〈表4〉 道徳教育の全体計画（教科等における道徳教育） 小学校5年

時期	教科	教材	道徳教育に関する内容（道徳の内容との関連）	内容項目
4月	国語	自分をアピールしよう	自分の長所や得意なことを見つける活動を通して，自己の個性を確かなものにしようとする意欲を養う。	個性の伸長
4月	社会	暮らしを支える食糧生産	食糧生産の場所や仕組みを学びながら，自分たちのくらしが大勢の人々に支えられていることに気付く。	感謝
4月	学級活動	クラスの目標	学級目標作りの作業を通じて，クラスの一員としての自覚を強くする。	よりよい学校生活
5月	国語	五月になれば	季節に応じた自然と人間とのかかわりを学び，自然の営みの奥深さや魅力に気付き，自然にさらに親しもうとする心情を養う。	自然愛護
5月	理科	植物の発芽と成長	発芽や成長のようすを観察し，自然の生命の力強さを感じとり，生命あるものを大切にしようとする心情を養う。	生命の尊さ
5月	家庭	作ってみよう野菜いため	衛生面や安全に注意して調理することを通して，順序だてて物事を処理することの大切さを理解する。	節度，節制
5月	音楽	五月の野原のようすを音で表わそう	いろいろな楽器を使い，協力して音を表現することで，協力し助け合いながら生活しようとする意欲を養う。	集団生活の充実
5月	算数	小数の計算のしかたを考えよう	計算のしかたを自分たちで考えることから，順序だてて着実に物事に取組むことの大切さに気付く。	
6月	社会	米作りと水田のはたらき	喜ばれる米作りのための努力・研究についてインターネットで調べる学習を通して，情報を得るときに注意すべきことに気付く。	規則の尊重
6月	体育	けがの防止	けがの原因について考えたり，危なかった経験を話し合う学習を通して，安全で健康に生活していこうとする意欲を高める。	節度，節制
6月	図画工作	ぐるぐる巻きつける	ロープを巻きつけていろいろな形を作る活動を通して，物を作り上げる楽しみを感じ，生活の中で創造的に生きようとする意欲を引き出す。	努力と強い意志
6月	家庭	自分のできる仕事を増やそう	家族が仲良く楽しく生活できるように，家族のために進んで役立とうとする心情を高める。	家族愛
7月	理科	天気と気温の変化	天気や気温の変化を読み取り，自然の動きにも規則のあることに気付く。	自然愛護
7月	国語	新しい友達	再会した友だちとのぎこちない交流や，それをこえて新しい友情を結ぶ二人の関係から，信頼の大切さに気付く。	友情，信頼
7月	総合の時間	姉妹都市を知る	姉妹都市（外国）の食生活に関する学習を通じて，風土に応じた多様な生活様式のあることを知り，さらに世界各地の人々の生活に関心をもち調査しようとする意欲をもつ。	国際理解，国際親善
7月	音楽	音楽で日本の旅	各地の音楽（民謡）には自然や人々の生活が歌われていることに気付き，郷土について改めて考え，親しもうとする意欲をもつ。	郷土を愛する態度

[参考文献]

小寺正一『現代道徳教育論』，大阪書籍，1991年。
藤永芳純編『道徳教育の理論』，東信堂，1988年。
文部科学省『小学校学習指導要領』，2008年。
文部科学省『中学校学習指導要領』，2008年。
文部科学省『小学校学習指導要領解説　道徳編』，2008年。
文部科学省『中学校学習指導要領解説　道徳編』，2008年。
文部科学省『小学校学習指導要領解説　特別の教科　道徳編』，2015年。
文部科学省『中学校学習指導要領解説　特別の教科　道徳編』，2015年。
文部省『中学校道徳教育指導上の諸問題』，1990年。

（西村日出男）

第6章 道徳科の指導

第1節 道徳科の意義と特質

　学校における道徳教育は，学校の教育活動全体を通じて行うことになっているが，小・中学校では，学校の教育活動全体で行う道徳教育の「要(かなめ)」として，「特別の教科　道徳」（以下「道徳科」）が各学年に時間配当され，道徳教育を進めるうえで重要な役割をもつものとして位置づけられている。本節では，道徳教育の「要」とされる道徳科の意義，特質と指導上の留意点などを考えてみたい。

1　道徳科の意義

計画的・発展的指導　『学習指導要領』では，道徳科は，各教科，外国語活動（小学校のみ），総合的な学習の時間および特別活動における道徳教育の「要」としての役割を果たせるように計画的・発展的な指導を行うこととされている。

　道徳科以外の領域，つまり各教科，外国語活動，総合的な学習の時間および特別活動は，それぞれが固有の目標をもっているから，道徳教育を行うとしても，その目標実現を目指す学習活動の過程で，関連的・付随的に行われるにすぎない。道徳性の育成を主として指導されるわけではないから，そこでの道徳教育に計画性や発展性を望むことはできない。しかし，すべての意図的教育がそうであるよ

うに，道徳性の指導（道徳教育）においても，指導方針，内容の一貫性，発達段階などを考慮した系統的な指導が求められる。道徳科は，あらかじめ計画し継続的に指導する時間であるから，道徳性の育成を計画的・発展的に進めることができるのである。学校における道徳教育に計画性・発展性をもたせるためには，道徳性の指導を目標とする道徳科を特設して指導にあたる必要性が理解されるであろう。道徳科の年間指導計画や学習指導案の作成が求められるのもそのためである。

学校における道徳教育の「要」　児童・生徒の道徳性を育成する機会は，学校の教育活動のさまざまなところで，常に存在するといってもよいだろう。しかし，そのような機会に，それぞれが独自の判断で道徳性の育成を目指しても，児童・生徒に一貫性のある道徳性を育てることはできない。ときには，矛盾する内容の指導がなされることも考えられる。

「要」とは，全体を整合性をもって一つにまとめる重要な部分，という意味である。道徳科はそのような役割をもっているのである。道徳的価値に関する指導をするだけでなく，全体をまとめ，整える役割をもつ教科なのである。

補い，深め，統合する　道徳科では，他教科等での道徳教育と密接に関連を図りながら，そこでは十分取り扱えなかった内容を補ったり，なるほど大切だと主体的自覚にまで深めたり，学習した内容や道徳的価値を関連づけて統合させて理解することが重要になる。

他の教科や領域はそれぞれ固有の目標をもって学習展開される（道徳教育の観点を重視して展開されるのではない）から，道徳的価値についての扱いが不十分であったり，なるほど大切だと納得するところまで深めた指導が常にできるわけではない。そのため，道徳科の授業では，他の教科や領域での指導を「補い，深め，統合する」の

である。道徳科が「要」とされているのである。

2 道徳科の特質

内面的資質としての道徳性を養う　平成27(2015)年に部分改訂された『学習指導要領』では、道徳科の目標を「よりよく生きるための基盤となる道徳性を養う」としている。そしてその解説書では、道徳性は、「道徳的価値を実現するための適切な行為を主体的に選択し、実践することができるような内面的資質」を意味し、「道徳的判断力、道徳的心情、道徳的実践意欲と態度」を諸様相として構成されると説明している。

道徳的判断力、道徳的心情、道徳的実践意欲と態度を育てる　『学習指導要領』の解説では、道徳的な判断力とは、それぞれの具体的場面で善悪を判断する能力のことで、道徳的価値の大切なことを理解し、さまざまな状況下で、どう対処するのが望ましいかを判断する力で、的確な道徳的判断力をもつことによってそれぞれの場面で適切な道徳的行為がとれる、としている。

道徳的心情とは、価値の大切さを感じ取り、善を行うことを喜び、悪を憎む感情のことで、道徳的行為の動機として強く作用するもの、としている。

また、道徳的実践意欲と態度は、価値ある行動をとろうとする傾向性を意味し、道徳的実践意欲の方は、「道徳的価値を実現しようとする意志の働き」であり、態度については「具体的な道徳的行為への身構え」ということができるとしている。意志の働きとは、「やる気」がある、ということであり、身構え、とは、いつでも行動がとれるようになっている、ということである。

また、『学習指導要領』の解説では、「道徳性は、徐々に、しかも着実に養われることによって、潜在的、持続的な作用を行為や人格に及ぼすものであるだけに、長期的展望と綿密な計画に基づいた丹

念な指導がなされ、道徳的実践につなげていくことができるようにすることが求められる」と説明している。

道徳性は短期間で育成できるものではないので、長期的な一貫性のある計画や細心の配慮のある指導が必要であることを示唆しており、当然のこととして、道徳的実践につながらなければならない、というのである。27年の部分改訂では、実効性のある道徳的な実践的な力の育成が強調されているが、ここでもその考え方が示されていると理解すべきであろう。

具体的な道徳科の授業では、道徳的判断力、道徳的心情、道徳的実践意欲と態度のうちのどの様相を育てる学習なのかをしっかり見定めた指導が求められ、学習が実践へとつながるように見通しをもって指導にあたらなければならないのである。

道徳的価値についての理解を深める　道徳性を養うために、「道徳的諸価値についての理解を基に、自己を見つめ、物事を（広い視野から）多面的・多角的に考え、自己の生き方（人間としての生き方）についての考えを深める学習を通して、道徳的な判断力、心情、実践意欲と態度を育てる」ことを『学習指導要領』では求めている（（　）内は中学校）。

まず、道徳的諸価値についての理解についてであるが、これには、①道徳的価値はそのどれもが人間としてよりよく生きるために大切なものであることを理解する（このことはきわめて重要）だけでなく、②道徳的価値の実現を妨げる心の弱さなどについても理解すること、③道徳的価値の理解をする過程で、価値との関わりは人それぞれであると理解し他者理解や人間理解を深めることも含まれる、と解説書では説明している。

自己を見つめる　「自己を見つめる」とは、道徳的価値との関わりで、自己理解を深めること、自分のこととして、道徳的価値を理解することである。道徳的価値を自分の生

活にとって大切なこととしてとらえ,自分にできていることやできていないことを考え,なぜ,できるのか,なぜ,できないのか(どこに問題があるのか)を考える中で,自己理解を深めることになる。学習を通して,児童・生徒が自分の成長を実感することもできる。

物事を(広い視野から)多面的・多角的に考える　　よりよく生きるための基盤としての道徳性を養うためには,物事をいろいろな観点でとらえたり,考えたりする機会が必要である。特に,これからの社会は価値観の多様化が進み,国際化も一段と進展する。そのような社会で人間らしく生きるためには,いろいろな考え方や見方を知ったうえで,自分の生き方を考える(選択する)ことが必要になるし,自分の考えや見方で物事を決めつけるのではなく,自分とは異なった見方・考え方についても理解し,それを認めることが必要になる場合も多くなるはずである。人間はともすれば自分の馴染んだ考えや方法で物事を処理しがちであるが,児童・生徒の時期に多面的・多角的に物事を考えることの必要性やよさを体験しておくことがこれからはますます重要となる。

自己の生き方についての考えを深める　　これは,道徳的価値の理解を深める中で,価値との関わりを通して,自分自身の生き方を発達段階に応じて考えることである。道徳的な体験に基づく話し合いの中で,自分と友達との考え方や感じ方の異同が明らかになれば,友達はこのように考えたようだが,自分の意見は少し違う,と気づく機会も多くなるだろう。そのことを通して,自分はこのような考え方(価値)を大切にする傾向がある,と,自分の生き方を客観的に見つめることが可能となるだろう。そして,自分らしさをより生かして生きていこうと発展的に考えたり,逆にこの点は自分の欠点,弱点だから改めようと,考える機会も大切にしたい。

　中学校では,「人間としての生き方」について考えを深められるように発展的に指導する必要があるが,「人間としての生き方」を

考え，それをもとに「自己の生き方」について深く考えられるように指導する必要がある。人間とはどのように生きるべきか，を抽象的なレベルで議論したり，考えたりするところでとどまるのでは，道徳科の授業としては不十分であろう。

3 道徳科の学習指導

学習指導の基本的視点 　道徳科では，学習指導を通して到達したい具体的（限定的）な目標を「ねらい」という。そして，そのねらい達成のために学習の場に示されるものが「教材」であり，ねらいと教材によって構成されるひとまとまりの学習内容が，道徳科の「主題」である。

ねらい達成までの学習指導の過程は，原則的には，ねらいが達成できればどのような展開（流れ）でもよいのであって，固定化して考える必要はない。しかし，道徳科が，自分たちの生活を道徳的価値に照らして見つめ，より高めていく（生き方を磨く）という特質をもつことから，標準的・基本的な学習指導過程の型がある。

児童・生徒が，自分たちの実際の生活との関連で「考えてみたい問題」，「考えてみたい点」を取り出し，教材で道徳的価値に触れて，自らの価値観を高めたり確認したりして，再度自分の生活を見つめなおす，というのがその標準的な過程（流れ）である。生活から入り，教材で価値と取り組み，生活に戻る，というものである。もちろんこれは基本形であるから，直接に教材から授業が始まったり，教材で授業をまとめるということも可能である。また，生活から教材を通って生活へ，という場合，取り上げる生活上の問題を，反省すべき生活実態や劣っている点などに限定すると，生活の中から自分たちのいたらない点を指摘し反省・懺悔させて，「これからは頑張ります」という決意表明の道徳科の授業になりがちである。劣っている点や不十分な点を改めようと意識させることは道徳科にとっ

て重要ではあるが，反省色の強い道徳科に終始する必要はない。児童・生徒が自信をもってよい点や実態を再確認し，それをより確実なものにする授業（表現は適切さを欠くが，おだてて自分たちはもっとできると自信をもたせる授業）も考えてみたい。特別活動でクラス全体での取り組みが成功したなら，それをもとに，「みんながやる気になったのは？」，「どんなことに気をつけて取り組んだから成功したのか？」，「やり遂げたときの気持ちはどうであったか？」という形で，内面に定着している道徳性をお互いが確認するような授業も考えてみたいものである（具体的な学習指導の展開過程については，第3節「学習指導案」の項で詳しく取り扱う）。

主体的な学習　道徳科は，押しつけ強要して道徳性を育成するものではない。価値理解や態度形成を児童・生徒が主体的に行う時間である。学習者の自主的な学習活動を組織し，自らの力による内面的自覚を促すように指導することも，道徳科の特質としてあげておかなければならないだろう。道徳科の学習内容に触発されて，自らの生活を見直し，道徳的実践の意欲が心の中にひとりでに沸き上がってくるように指導したい。

生き方を磨く時間　すでに述べたように，特に道徳科では，一方的な押しつけはすべきではない。いかにその内容が正当なものであっても，「こうしなさい」と強制して教え込み，従わせることは避けるべきであろう。

道徳科は，基本的には，教材や話し合いで，さまざまな人間性や道徳的価値に触れ，それらに触発されて，児童・生徒が自らの生き方を確立していくための支援としての教育であるという視点から指導にあたるべきであろう。

道徳科の指導過程は，ねらいとする道徳的価値を児童・生徒に深く自覚させるための指導の手順・プロセスを示すといわれるが，これを道徳的価値を教え込む手順と狭く考えるのは正しくない。道徳

科では,ときには,道徳的価値の理解を迫る場合があるとしても,より広く,児童・生徒が自分自身で自らの生き方を磨くための時間と考えておきたい。自分自身で事の是非を判断し,自分の力・意欲で実践できる人間を育てること,といいかえてもよいであろう。つまり,道徳的に自立した人間の育成である。

また,道徳的な意識・自覚をもった人間の育成へと発展させることもできる。これは,生きるうえで,社会にとって,周りの人にとって,自分にとって,よりよい生き方をしようという意識・自覚をもつ人格の形成である。自分自身と周りの他者・集団・社会・自然環境などとの関係を調整し,「折り合い」をつけることのできる人間の育成である。その場合,自分自身も大切にし,周りのものも大切にして,調整する(折り合いをつける)ことが大切である。内面の主体性と外的な社会性の両面を兼ね備えた人間形成の根幹に関わるのが道徳科である。

継続的な指導の必要性　さらに,道徳科に継続的に取り組む必要性についても強調したい。道徳科は,その指導内容の充実もさることながら,継続的に取り組むことによって,児童・生徒に,自分たちの生活を道徳的観点から見ることの重要性を意識させることができる。

道徳科は,『学習指導要領』に示される内容項目(いくつかの道徳的価値で構成されているもの)を具体的に教材などで学習していく時間であるが,知識や技術の向上を主たる目的とする他の教科とはまったく異なった面を問題にする時間だという自覚を児童・生徒にもたせ,自らの生活を道徳的視点から見つめる習慣を身につけさせることができると考えられる。

例えば,社会の中の不合理な事象や言動に気づくためには,公正・公平・平等という価値について,日頃からしっかりした考え方をもっている必要があり,そのためには,道徳科で,この道徳的価

値に真正面から取り組んでおく必要がある。が，同時に，自らの生活を道徳的視点から見るという姿勢が身についていなければならない。これは他の教科の指導で期待できることではなく，道徳科が毎週積み重ねられて，少しずつ内面に定着していくものと考えられる。人間の生活に道徳が必要だという意識を築きあげていくためには，繰り返し・積み重ねが重要なのである。

　道徳科は，この点から見ても，道徳科らしく活用すべきである。時間割りに「道徳」と掲げながら，道徳科らしく使われない（無関係な使い方をされる）なら，児童・生徒はおそらく，「道徳なんて適当でいいんだ」と思うに違いない。道徳科を道徳科らしく繰り返し指導する中で，児童・生徒が常に道徳的な価値を意識し，自分の生活を道徳的視点で考えようとする姿勢を育てたいものである。

学級担任の指導　道徳科の指導は，原則として，学級担任があたる。それにはいくつかの理由が考えられるが，まず，学級担任は指導する児童・生徒や学級の実態を最もよく理解している，という点をあげることができよう。そして，道徳科の指導内容が学級の生活に反映されていくことが望ましいから，指導内容の評価という点からも，その学級の児童・生徒に接する機会の多い学級担任がその指導にあたるのが望ましいのである。

　また，担任が道徳科の指導にあたるという体制を作ることで，道徳教育に対する関心を教員全体へ広げることもできる。道徳科の指導を専任の教員に任せてしまうと，全体で行わなければならない道徳教育に専任以外の教員は関心をもたなくなるという恐れがある。

　学級の一員である担任が児童・生徒とともによりよい生き方に向かっていくという姿勢をもつことも大切な道徳教育である。お互いがそのような意識や姿勢を確認する機会が道徳科の学習であるから，この点からも学級担任による道徳科の指導が重要なのである。

4 道徳科の充実

道徳科の学習の充実のために必要な観点を整理してみたい。

(1) 協力的な指導など道徳教育推進教師を中心とする指導体制の充実

道徳科は担任の指導を原則とするが，校長や教頭等の参加や担任外の教師の協力（ティーム・ティーチングなど）で，より充実した学習展開を求めるものである。特に「道徳教育推進教師」は学校の道徳教育の推進を主に担当する教師であるが，道徳科の学習においても，研修や教材・情報の提供などでリーダーシップを発揮するなどの役割が期待されている。各クラスの授業の進度などに関する調整役としての役割も考えられる。学校の教員が全員で協力的に各クラスの道徳科の授業の充実に努める体制づくりを求めているのである。

(2) 他教科，領域での道徳教育（道徳指導）と関連づけた指導

道徳科の授業をそれだけで構想するのではなく，他教科等での指導と関連づけることで，限られた時間内に豊かな内容を扱うことが可能となる。社会科の郷土学習と関連づけた道徳科の学習，理科の栽培活動と関連づけた学習，集団宿泊活動（小学校）と関連づけた指導などが考えられるだろう。

知的理解をもとにした価値理解が必要なものも多いが，体験する中で気づきはじめたことを明確に自覚させる道徳科の授業や，具体的体験を道徳的観点で整理し理解を深める道徳科の学習なども意義がある（いろいろな観点から，道徳科の授業と他教科等との関連づけの必要性を説明してきたが，道徳科の授業はそれだけで独立（孤立）して成立するものではないのである）。

(3) 問題解決的な学習

道徳的問題は，どちらの価値を優先的に扱うか，いくつかの方法のうちどの方法が適切か，など選択を求められる場合も多い。そして，どれか一つが正しい，とは言えない場合も多い。こうした問題

の解決を自分で選択し実践しなければならない場合も考えられる。価値観が多様化し，社会の変化が激しい時代であるからそのような状況は多くなるとも考えられる。

このような状況を，道徳的価値に照らしながら自分で主体的に判断，選択して「よりよく生きる」力を養うためには，仮に設定された問題に向き合い，問題解決を考える「問題解決的な学習」の機会を道徳科の学習として用意することも必要になっている。さまざまな問題を主体的に解決していくために必要な資質や能力を養う，いわば模擬的解決学習である。

問題解決そのもの（例えば，いまクラス内で起こっている問題を解決すること）が目的ではなく，学習に取り組むことで，解決能力を高めるための学習である。

(4) **体験的な学習**

具体的な道徳的行為を実際に行って，その行為のよさを実感したり，行為することの難しさを感じたりする学習である。

例えば，丁寧な言葉で挨拶をする体験的な行為を通して，相手も自分も相互に尊敬の気持ちが高まるとともに親近感がもてる，ということが実感できれば，実際の行動（挨拶）への動機づけとなるだろう。具体的なより適切な行為の仕方を習得することもできる。具体的な行為が洗練される場合もあるだろう。逆に，実際に行為しようとする際に感じる葛藤（しなければと思いながらも，恥ずかしさで声が出ないなど）を体験する中で，自分の心の弱さに気づき克服しようとする気概が養われることもあろう。

また，教材に登場する人物の行動を実際に演じてみる（行為してみる）ことで，その行為の道徳的なよさを体験できる場合も多い。教材のある場面を与えられ，即興的に演じることで，判断力が高まることも期待できる。

ただし，道徳科における体験的な学習は，行為することが目的で

はなく，行為する中で道徳的価値について主体的に考えるところに意義がある。礼儀作法のマナー習得に目的があるのではない。スマートなお辞儀の仕方を学ぶことが目的ではない点に留意しておきたい。

(5) 魅力的な教材の開発や活用

先人の伝記，自然，伝統と文化，スポーツなど，児童・生徒が感動を覚えるような魅力的な教材の開発や活用をしたい。

既成の教材を利用するだけでなく，多様な情報収集手段を使って素材を集め，自作教材を開発することも積極的に考えたい。日頃から，柔軟な発想で教材となる素材の収集に努め自作化することは，教材を見る目を養ううえでも有益であろう。

(6) 言語活動を通して考えを深め，自らの成長を実感できる指導

コミュニケーション能力の低下により，言語能力の強化が必要といわれるが，道徳科では，書くこと，話し合うこと（討論すること）などの言語活動を通して，他者を深く理解したり自己を見つめなおしたりすることで，自己の道徳的な成長を実感する機会とすることを中心に置いて考えたい。

(7) 現代的な課題に関する学習

いじめ問題，情報モラルの問題，国際化の進展で生じる問題など，現代的な課題を道徳科の学習で扱うことも多くなっている。

一例として，情報モラルに関する学習指導を考えてみたい。機器の発達で多くの情報が瞬時に広がるようになってきている。学校での情報教育も進んでいる。それに対応して，情報の発信や受信に際して，絶えず道徳的視点で考えられるような資質の育成が必要となる。先端の情報機器を利用するときだけが問題なのではない。学級新聞の発行において，個人のプライバシーに対する配慮ができているかどうかを道徳科であらためて考えてみることも，情報モラルに関する指導に留意したものとなる。

道徳科では，具体的な現実の課題を扱う際には，内容項目との関連も重視しながら，価値理解が深まる形で学習展開したい。

　現実の問題の解決は重要なことだが，道徳科の学習はそれを第一義的に目指すものではなく，課題解決に必要な道徳的な資質や能力の育成を基本にすべきである。

　また，現代的な問題は多様な考え方が錯綜している場合も多いので，広い視野から多面的・多角的に考える機会を保障し，特定の見方，考え方だけで理解されることのないように留意し，自分と異なった考え方や見方についても十分考えられるようにすべきである。

(8) 複数時間扱いの学習

　一つの主題について複数の時間を使った学習も考えてみたい。

　価値理解を中心にした1時間の学習に続けて次の時間では，その価値に照らして自己の生き方を具体的に考える実践的な学習を用意することもできよう。また，重点項目としている一つの内容項目を，それぞれ異なった教材を用いた2時間扱いの授業でじっくり考えさせる授業も可能だろう。広い視野から物事を多面的・多角的に考える学習では，一単位時間の学習に収まらない場合が多くなることも予想できる。

第2節　年間指導計画

1　年間指導計画とは

　道徳科の学習内容を，1年間を通して主題として構成し配列したものが，道徳科の年間指導計画である。これは，道徳教育の全体計画に基づいて，各学年で年間を通して系統的・発展的に学習指導が展開できるように作成されるものであり，学習指導案（主題ごとの学習指導計画書）の拠りどころとなるものである。

　また，各学年の年間計画を立てることによって，全学年の道徳科

の指導に統一性や整合性をもたせることができる。例えば，同時期の他学年の指導計画を参考にして指導することができるし，計画立案の段階で，各学年の学習内容を同一時期・同一内容に統一したり，調整したりすることも可能となる。さらに，毎年度の年間指導計画が保存されていれば，その学年がそれまで経過した学年でどのような学習を続けてきたかを知ることができる。

年間指導計画は，その学校や学年の特質，児童・生徒の実態，地域の特性などに即して作成されるものであるから，毎年その年度に適したものを作成する必要がある。全面的な改訂を要しない場合でも，適宜，部分修正していくようにしたい。

2 作成に際して考慮すべき要件

年間指導計画を作成する場合に配慮すべき要件を，以下に項目として示し，簡単な説明を加える。

(1) 全体計画に示された道徳教育の重点目標

道徳教育の全体構想（第5章）で説明したように，各学校では，道徳教育を学校の教育活動全体でどのように進めるかを示す全体計画が作成される。その全体計画で学校の道徳教育の重点目標として示された内容を，年間計画作成に際して確認する必要がある。

(2) 全体計画に示された各学年の道徳教育の重点目標

全体計画にその学年の道徳教育の重点目標も示されているから，それを確認する。

(3) 該当学年の児童・生徒の実態や道徳性の発達段階

それぞれの学年の児童・生徒の実態や発達段階と，それから見た達成課題を把握しておくことも重要である。

(4) 父母や教師が身につけてほしいと望む道徳的価値

日頃の話し合いやアンケート調査の中から，児童・生徒に身につけさせたいと考えている道徳性を明らかにし，計画に反映させる必

要がある。

(5) **全教育活動における道徳教育との関連**

各教科,外国語活動(小学校),総合的な学習の時間および特別活動の学習内容やその指導時期を考慮して,道徳科でそれらとの有機的な連携が図れるようにする。特に,特別活動の中の学校行事の内容や実施時期については,十分に配慮しておきたい。遠足・修学旅行や課外見学などは道徳的実践の場として積極的に活用すべきであるから,道徳科の指導内容と特別活動の実施時期とが対応するように計画したい。また,総合的な学習の時間は,その「ねらい」から見ても,道徳性の育成と深く関連する時間であるから,その学習内容と道徳科の内容との関係に十分配慮したい。

(6) **『学習指導要領』の内容項目**

『学習指導要領』の示す内容項目は道徳教育の指導内容であるが,同時に,道徳科で指導すべき内容を指示するものでもある。当然のことながら,道徳科の学習内容が『学習指導要領』のどの項目にあたるのかは明確にしておかなくてはならない。『学習指導要領』のすべての内容項目を欠かさず主題構成に取り込んで年間指導計画を立て,漏れなく指導することが原則である。

3 計画作成の原理

学習内容を主題構成して,年間35(小学1年生は34)時間に順序を決め時間配当していく際の原則として,学習指導内容の重点化と構造化がある。

(1) **重点とする指導内容の選定=重点化**

その学年の道徳科で重点的に指導する内容(道徳的価値)を選定することである。

『学習指導要領』(平成27年改訂版)の示す内容項目は,小学校で低学年19項目,中学年20項目,高学年22項目,そして中学校22項目

であるが,どの項目の道徳的価値を重点的に指導するかは,計画立案にあたる各学校に任されている。

各学校では,先に述べた「作成に際して考慮すべき要件」に基づいて,学年ごとに重点化する指導内容を選定する必要がある。そして,重点化された内容項目は,年間を通して二度,三度と繰り返し指導されることになる(場合が多い)。『学習指導要領』の示す内容をすべて均等に取り扱うのでは,網羅的・総花的な道徳科になってしまう。この重点化が十分になされていないと,1年間の学習が平板でまとまりのないものになってしまうのである。一例をあげれば,発達段階からの重点化が考えられる。小学校では,全学年を通じて自立心や自律性,自他の生命尊重に関する項目を重点化するとともに,低学年では,健康・安全や規則正しい生活に関する内容を重点化し,繰り返し時間を設けて指導し,基本的生活習慣の確立を図るとともに,人間としてしてはならないことをしないようにし,そして,中学年から高学年にかけて,自由と規律・責任や集団生活に関するあり方を考える項目(公徳心,郷土愛,愛国心)や規範意識の涵養に関する項目などへと重点を移行するのである。また,中学校では,自他の生命の尊重,規範意識の定着,主体的な社会参画の意識,国際社会に生きる日本人としての自覚などに関する項目の重点化を考えたい。『学習指導要領』は,学習内容を児童・生徒の発達特性に応じて重点化して示す書き方になっている。

(2) 指導内容の関連づけと組み合わせ＝構造化

重点化された内容を中心に指導内容を関連づけたり,関連の深い道徳的価値を組み合わせて指導計画を作成することを,ここでは「計画の構造化」と呼ぶこととする。

日常生活の具体的場面では,道徳的価値は一つが独立してあるのではない。関連のあるものが相互に組み合わされ支え合って働いている。それゆえ,道徳科で主体的自覚に迫る場合も,関連のある価

値や内容の組み合わせを考慮して計画立案することが望ましい。主体的な態度，自主性を内容とする指導のあとに，その時間に連続して誠実や責任そして謙虚・寛容などについて考えさせる時間を配当することが一例としてあげられよう。主体性や自主性の強調も，それだけを独立させて行うと，唯我独尊，無責任なわがまま，独り善がりになる危険性が高いからである。

『学習指導要領』では，道徳の内容が四つの視点にまとめて示されている。計画に位置づけようとする内容が四つの視点のいずれにあたるのかという点にも配慮して，計画を構造化していくようにしたいものである。

また，『学習指導要領』の示す内容項目は，複数の道徳的価値から構成されているものが多い。「友達と互いに信頼し，学び合って友情を深め，異性についても理解しながら，人間関係を築いていくこと」（小学校高学年B-10）とあるが，信頼，友情，異性理解という内容（道徳的価値）を，友情と信頼とを関連させて指導する方法もとれるし，友情の一形態として異性間の敬愛・信頼に基づく協力を取り扱うこともできる。時間配当としては，信頼に関する指導の時間，友情について考えさせる時間，異性間の協力のあり方について具体的問題に即して討論する時間と，連続しての3時間配当とすることもできよう。このような考え方を取り入れることによって，計画の有機的な組み立て（構造化）ができるのである。

4 計画の内容と作成の手順

計画の内容　年間指導計画の形式や内容に特に決まったものがあるわけではない。1年間を通じての道徳科の進め方が明確に示されていればよいのであるが，『解説書　道徳科編』（第4章第1節の2-(2)）では，「次の内容を明記しておくことが必要である」として，以下のような項目をあげている。

ア　各学年の基本方針
イ　各学年の年間にわたる指導の概要
　　・具備すべき事項
　　　(ア)指導の時期　(イ)主題名　(ウ)ねらい　(エ)教材　(オ)主題構成の理由　(カ)学習指導過程と指導の方法　(キ)他の教育活動等における道徳教育との関連　(ク)その他

しかし，一般的には，1学年35（34）週分を一覧表にして示すことが多く，その場合には多くの項目を記述することは困難なので，主題名，ねらい，教材，指導内容に該当する『学習指導要領』の内容項目等に絞ってまとめているものが多い。

作成の手順　次に作成の手順であるが，すでに述べてきた事項をもとにして，簡単に示しておきたい。

①　全体計画をふまえ，各教科・外国語活動（小学校）・総合的な学習の時間・特別活動などとの関連を考慮しながら，各学年の道徳科の指導の基本方針や指導の重点を確定する。

②　発達段階を考慮して学習内容を明確にし，主題として構成する。

③　学習指導のねらいを具体化し，それに適した教材を作成または選択する。

④　ねらい・教材をもとに，展開の大要や学習指導の方法について考察する。

⑤　主題を年間にわたって配列する。この際，季節に合ったものを指導時期に応じて配列することが必要である。また，学校行事の実施時期なども考慮したい。さらに，同じような指導法が何時間も連続することのないように，指導内容とともに学習指導法についても考慮して配列したい。

第3節　学習指導案

1　学習指導案とは

　学習指導案とは，主題ごと，または1時間ごとの学習指導計画書のことである。学習指導に際して指導担当者が作る学習計画書であるから正確には学習指導案というべきであろうが，簡略に指導案と呼ぶことが一般的である。そして，道徳科では，多くの場合，1主題1時間構成で計画されることが多いので，ここでは1時間ごとの学習指導案を説明する。

　道徳科の指導は，原則として学級担任があたることになっているから，指導案の作成者は学級担任である。また，その形式は学校ごとに統一されている場合が多い。

　1時間の道徳科の授業にあたって，事前に計画を立てる必要のあることは，他の教科の指導と同様，誰もが認めるところであろう。計画なしの学習指導などというものはありえないから，指導案の必要性については自明のこととしておく。

　さて，指導案は指導者（学級担任）が作成するものであるから，その内容は，指導する学級の児童・生徒の実態に即し，指導者の個性・特性を生かしながら立案作成される。同じ学校の同一学年で共通の主題の学習指導にあたる場合でも，学級ごとに指導案の内容は異なったものになるはずである。学級の実態や指導者の個性を生かした，その学級にふさわしい指導案の作成が望まれる。道徳科の年間指導計画に，ねらいや教材名とともに学習指導過程の大要や主要発問まで詳細に示す場合もあるが，それらは，年度当初に，該当する学年に共通の計画として示されたものであるから，実施時の直前に，その時期のその学級の実態にふさわしい学習指導案として具体化すべきである。

学習指導案には，研究授業などのために用意される詳細な構成の「細案」や簡略化した「略案」等があるが，略案の作成ですませる場合でも，ねらいや主題設定の理由，主要発問などについては，具体的に文章化するようにしたい。頭の中であれこれ考えているだけでは，指導意図や指導の流れが明確にならない。記述することによって，指導者は自らの思考内容を確認することができるのであるから。

2 学習指導案の形式と内容

学習指導案の形式（参考例） 学習指導案には，標準の形式があるわけではない。指導者が利用しやすい形にまとめればよいのであるが，学校ごとに一定の形式を定めている場合が多い。一例を示しておく。

内　容
(1) 主 題 名
　道徳科では，「ひとまとまりの学習内容」を主題というが，その主題に端的に題名をつけたものが「主題名」である。教材や学習素材から名前をつける場合（「はしの上のおおかみ」「二通の手紙」など）と，ねらいとする価値から主題名とする場合（積極性と責任など）と，その名称づけの原則は二つある。ただし，主題名は年間指導計画を作成する段階ですでに決められていることが多い。

(2) 主題設定の理由
　主題で取り扱う内容項目に関わる価値に関する指導者の考え方（価値観），その内容に対する児童・生徒の道徳性や学級内での実態など（児童観または生徒観），そして学習素材として教材を提示する場合は，その教材に対する指導者の見解，指導上の着眼点など（教材観），の三つに分けて記述する方法が一般的である。ここでは，なぜその時期にその主題の学習をする必要があるのかが明白になるように述べる必要がある。

道徳科学習指導案

　　　　　　　　　　　　　　　　　　　　指導者　□　□　□　□

1　主題名　　○○○○　（内容項目の番号）
2　日　時　　　　年　月　日（　）　○○：○○〜○○：○○
3　学　級　　第○学年　○組
4　場　所　　○○教室
5　主題設定の理由（主題について）
　(1)　価値について（価値観）

　(2)　児童観または生徒観

　(3)　教材観

6　ねらい
7　学習指導過程（学習指導の展開の大要）

8　教　材　　「○○○○○」（□□□□）
　　　　　　　　（教材名）　　（出典）
9　評　価

(3) ねらい

その主題の学習で到達すべき具体的目標を「ねらい」という。その主題は，1時間で目指すものであるから，限定されたものとして示される。道徳性のうち，判断力をつけたいのか，心情を養い高めるのか，価値理解を求めるのかなど，道徳性の側面も限定して記述する必要がある。記述は，簡潔に一文 (one sentence) にまとめる。

(4) 教　　材

教科書を利用するのが基本であるが，他の教材を利用する場合には，その出典を明記する必要がある。また，学習指導のために一部分修正や加除した場合は，その理由も簡単に示す必要があろう。

(5) 学習指導過程の大要

学習指導の過程は，大きく「導入―展開前段―展開後段―終末」の4段階に分かれる。その詳細については後述するが，掲げたねらいに応じた学習過程となるよう心がける必要がある。ねらいで価値の大切さを理解するとしながら，学習過程の終末段階で実践的な事柄まで求めている学習指導案は，内容的に整理されていないものである。

3　学習展開（学習指導過程）の型

道徳科の学習展開は多様であってよい。原則的には，ねらいが達成できるならば，毎回異なった学習方法をとることも可能である。しかし，道徳科が児童・生徒の生活をもとに，高められた価値理解や力強い道徳性の育成を目指すという目標があるので，それに適した，基本的な学習指導過程の型がある。

道徳科の指導にあたっては，他の教科以上に事前研究の労力が必要である。教材の選択，その分析，指導法の検討など，そのクラスの児童・生徒の実態（クラスごとに異なる）を把握しながら準備しなければならない。それゆえ，授業展開の基本的な型が習得できてい

れば，それをもとに一部修正するなどして具体的な展開を計画することができ，事前研究がいくぶんか軽減できる。その点からいっても，基本型を理解し各項目の要点を押さえることが重要なのである。

学習展開の大きな流れは，生活から教材（価値）を通って再び生活へ返る，というものである。

学習展開の基本型

(1) **導　　入**［学習への動機づけの段階］

ここでは，ねらいとする道徳的価値が児童・生徒の生活と関係の深いことを自覚させ，自分のこととして学習に臨もうという構えを作る必要がある。多くの場合，生活経験の中で学習内容と関係のあるものに関心をもたせるという方法が使われるが，学習課題への関心を引き出すという点からすれば，利用する教材のある箇所が「気になるなあ，詳しく知りたい，考えてみたい」と思わせることもできるだろう。導入は，価値への方向づけの段階だが，ここで直接に価値に触れる発問をすると，学習内容の概略が学習者にわかってしまうという危険もあるので注意したい。

(2) **展 開 前 段**［教材などを使って価値を追究把握する段階］

教材などで道徳的価値を追究し，これまでの理解の程度を深めたり広げたりする段階である。それゆえ，教材は価値把握が効率的に行えるように利用する必要がある。教材にはさまざまな価値が含まれているから，ねらいと関係のない価値に関心が向かわないように注意したい。

教材で登場人物が迷っている場面や，価値から離れるところで，児童・生徒は，どうすべきかがわかっていることが多い。そこから，道徳科は「答えがわかっていることを扱っていて盛り上がりに欠ける」などという批判も出るのであるが，教材の登場人物がどう行為すべきかがわかっているということと，その行為を支え導いている道徳的価値の意義がわかっているということとは同じではない。それまでの大人の指導で，こうすれば誉められる，叱られない，とわ

かっている場合もあれば，慣習的にすべきことを理解していることは多い。しかし，そのような場合でも，すべてにおいてなぜそうすべきなのかを，はっきりと自覚しているとは限らない。展開前段では，道徳的価値の意義（価値の価値たるゆえん）をしっかりと自覚させることが必要であるから，その観点で構成し指導にあたる必要がある。行為を問題にする段階でとどまらず，その心を問うのである。

(3) **展 開 後 段**［価値の一般化，主体的自覚を促す段階］

　教材の具体的な場面・状況で示された価値を，教材を離れていろいろな場面でも活用できるようにする段階であり，価値の「一般化」の段階とか「主体的把握」の段階とされている。教材で学習した内容を自分自身の中に受け入れ，自分の姿や考え方を見つめ高めていく段階，といいかえることもできよう。教材離れの段階であるから，自分の生活へ戻すのが基本であるが，教材離れしがたい場合もある。類似の経験がなく，同じような感じ・気持ちが思い浮かばないような，生活とかけ離れた教材の場合である。そのような場合には，こじつけた生活化をして無理に生活に戻す必要はないだろう。直接の教材離れではなく，教材の内容や主人公の気持ちを膨らませ（想像力で），「そのようにありたい」と方向づけることで，展開後段の役割は果たせる。また，他の教材（補助教材）を使って，中心教材で学習した価値が他の場面・状況でも幅広く使えることが理解できるなら，展開後段として有効である。

　前段・後段を通しての展開の役割は，道徳的価値の主体的把握にあるが，それは，新しい価値に気づく，漠然としていた価値観が明確になる，学習の過程で自ら価値観が変容する，自分の価値観とは異なった価値観の存在に気づき，その論拠を理解する，などの形をとることになる。

(4) **終　　　末**［学習内容のまとめ，実践への意欲づけの段階］

　学習の充実感を大切にし，学習内容が心に残るようにすることが

大切である。印象的な終わり方を心がけ，強引な実践への意欲づけは避けることが基本である。道徳科は直接実践する時間ではなく，道徳性の育成にとどめることを原則とする。

　方法としては，指導者が説話を聞かせてまとめとする，学習の感想文を書き学習者一人ひとりが学習内容を整理する，感想を発表させる，などを用いることが多い。終末で，強引に自分の生活を振り返らせて反省させたり，今後の生活の決意表明の発表に陥らないようにする必要がある。

学習展開の具体的な型　　各学校での学習指導案における学習指導過程は，それぞれ目指すところに従って，今述べた基本型をふまえながら，多様に表現されている。

「気づく―とらえる―深める―振り返る―あたためる」という5段階を考えることもある。「とらえる―深める」が基本型の展開前段にあたるが，それを価値の直観（とらえる）と価値の追究把握（深める）の2段階に区別するものといえる。その他，「むかう―とらえる―みつめる―あたためる」は，基本型の表現を変えたものといえるし，「気づく―深める―高める―振り返る―つなぐ」のように，終末での生活の結びつきを強く表現するものもある。

第4節　教　科　書

　道徳科においても，主たる教材として教科用図書（検定教科書）を使用しなければならない。民間の発行者が『学習指導要領』や検定基準に基づいて作成したものを採択し，児童・生徒に無償配布されたものを基本に道徳科の授業が進むのである。

　この教科書は，道徳科の目標や指導のねらいに即して編集されたもので，児童・生徒の発達段階もふまえて教材が構成されている。また，読み物教材のみだけでなく，『学習指導要領』で強調してい

る話し合いや討論などの言語活動を展開するのに役立つもの，問題解決的な学習に有効なもの，道徳的行為に関する体験的な学習につながるものなども取り入れられている。

さらに，いじめ問題に関するもの，生命の尊厳，自然との共存，伝統・文化，社会の情報化に関するものなど内容的にも現代的な視点を加味している。

道徳の時間の副読本として作成されていたものに比べて一段とバランスのとれた内容になっているので積極的に活用したい。

ただし，教科書だけで授業を構想するのではなく，教科書の内容を補う形で多様な教材を併せて利用することも必要となる。例えば，地域の実態に即した学習を計画した場合などは，全国的な採択を考えて編集されている教科書から離れて，地域教材を開発する必要があろう。

教科書を基本としながら，教科書外からも多様な内容や形式の教材を取り込んで活用する必要がある。

第5節 学習指導の方法

道徳科の学習を充実したものにするには，指導方法の工夫が必要である。道徳科の学習指導法も，基本的には他教科の指導法と同じものが多いが，よく用いられるものとして，話し合い，説話，読み物教材の利用，視聴覚教材の利用，役割演技などがある。どの指導法を用いる場合にも共通する留意点をまず示し，そのあとで，よく用いられる指導法の特質と利用上の留意点を簡単に説明してみたい。

1 一般的な留意点

指導法の選択に際しては，まず第一に，児童・生徒の実態，主題のねらい，学習内容，利用する教材，学習過程などに応じて最も適

切なものを選ぶ必要がある。いろいろな指導法を使い分けて学習効果を高めるようにしたい。

次に，指導法を固定化しないことも大切である。1時間の学習が導入から終末まで「話し合い」だけで終始するようでは，退屈してしまう。児童・生徒が受け身になった活動の部分と，積極的に主体的な活動に取り組む部分を組み合わせることが望ましい。また，毎時間同じ学習方法の組み合わせで構成されていて，変わりばえのしない学習の繰り返しとなることも避けたい。例えば，生活経験の話し合いで導入し，教材を用いて展開し，まとめの話し合いを経て，教師の説話で締めくくるという学習展開が毎時間続けば，毎回新しい学習内容を用意したとしても，道徳科に新鮮味を感じ積極的に取り組もうという意欲はもてなくなっていくだろう。テレビの視聴で始まり，それに基づく話し合いで終わりという道徳科の繰り返しもよく見かける。テレビの視聴が児童・生徒に人気があるといっても，毎時間この方法では，マンネリで刺激が乏しく，道徳科に対する興味や関心は失われてしまう。目先を変えることだけで効果的な道徳指導ができるわけではないが，いろいろな学習指導の方法を使い分けたいものである。そのためには，指導者自らが多様な指導法に習熟しておくことが大切になる。

2 話し合い活動

道徳科の指導法として最もよく用いられるものである。テレビの視聴後や教材を読んだあとで話し合うなど，他の指導法と組み合わされることも多い基本的な指導法である。

まず，学級全体での話し合い活動について見ると，これは，自由な話し合いを通して学習課題が明確になったり，見落としていた問題に気づくことができるなど，集団学習の利点を活用できる指導法である。話し合いを通して，児童・生徒が道徳意識を高めたり，全

体の共通理解を図ったりすることもできる。課題解決の方向をクラス全体で協力して探ることも可能で，全員で達成感を味わうこともできる。

さらに，話し合いの場で自らの意見を発表したり他者の意見を聴くことで，児童・生徒が互いに，ものの見方や考え方，感じ方の共通点や相違点を知り，視野を広めたり自己理解・他者理解の程度を深めたりする契機ともなる。そして，他者の意見に触発されて新しいものの見方に気づくという経験をもてば，児童・生徒は相互の協調や協力の重要性を認識することにもなる。

指導者の側から見れば，話し合い活動の中で，児童・生徒の理解の程度や判断の傾向などを把握することも容易である。児童・生徒一人ひとりをよりよく理解し，指導を進めていく手がかりを得ることも多い。予想外の発言があっても軽視せず，その中から児童・生徒の生活経験や考え方の傾向を把握するよう心がけたいものである。

利用上の留意点としては，まず，取り上げる話題に配慮が必要である。何よりも，話し合いのできる話題でなければならない。誰にもわかりきった内容のもの，結論がすでに出ているようなものは取り上げる価値がないし，児童・生徒の日常生活や経験から遠いものも，活発な話し合いは期待できない。自分のこととして経験に即して理解でき判断できる身近なもの，社会的な関心の高いもので児童・生徒が興味をもっているものなどを話し合いの場に提示することが大切である。

指導者と児童・生徒との問答形式の話し合いでは，指導者の発問のあとに十分な間を置いて，児童・生徒がじっくりと考えられる時間を与えるようにしなければならない。矢つぎばやの発問と性急な返答で話し合いが空転しないように心がけたいものである。

話し合い活動の具体的な形としては，全体での自由な意見発表や話し合い以外にも，いくつかの方法がある。パネル・ディスカッシ

ョン，シンポジウム，バズセッション，ディベート法などである。

パネル・ディスカッションは，異なった意見を代表する者がパネラーとなり，彼らが自分の立場・意見を明確にしたうえで討論し話し合いを深めていく過程で，パネラー以外の者も自分の考えを見つめる形式をとる。意見が出つくして相違が明らかになった段階で，全員の話し合いに戻し，パネラー以外の者にも意見発表させることもある。パネル・ディスカッションの終わり方は，オープンエンドとクローズドエンドとが考えられる。前者は，どちらの意見にも正当な理由があり正否が決められない場合であり，後者は，一方が望ましくない反価値的な意見で，否定したり修正が必要な場合に用いる方法である。ここでは，納得できるような客観的な説得の仕方を考えておく必要がある。

シンポジウムは，選ばれたシンポジストが司会者の指名で順に意見表明するもので，対立する意見を闘わせるよりも，価値理解を深めたり，課題解決の方法を探るのに適した方法である。シンポジストたちは自分の経験などをもとにさまざまな立場から意見発表するので，聴衆はおのおのの多様な意見を統合する形で考えをまとめていくことができる。

バズセッションは，小集団ごとの話し合い活動（グループ討議）の形で，短時間で全員が参加し発言できるという利点がある。全員の能動的参加が期待できるのである。これは，解決方法のアイディアを探る場合などに有効であるが，小集団内の力関係や積極的に発言する者の意見に左右されるなどの問題点もあり，グループのリーダー（バズ長）の力量が話し合いの成否に大きく影響する。グループごとの意見を全体でまとめる過程で，道徳的価値についての考えや行為を建設的に作り上げることができる。

最近では，ディベート法もよく使われる。これは，意見の対立する問題を（自分自身の意見にかかわらず）決められた立場に立って主

張する討論法である。Aの立場とそれに対立するBの立場（ときには，いずれでもないとするCの立場も設けて）に分け，座席の位置などで決められた立場（自分の意見と反対の立場となる場合も生じる）から主張したり，論拠を述べたりするのである。この方法による話し合いでは，自分とは異なった立場についても深く考える機会が与えられるので，自分の意見の限界や対立意見の利点を客観的に見ることができ，対立する意見に感情的に反発することが避けられる。ディベート法は，意見の優劣を競うものではなく，対立する意見にも正当な論拠があることに気づくことが主目的であるから，終末はオープンエンドとなる。

　このように，話し合い活動には，全体での話し合い，代表者の話し合い，小集団での話し合いなどさまざまな形態があるが，なんらかの形で全員の考えや意見が話し合いに反映できるように配慮しなければならない。そして，自由に発表ができる和やかな雰囲気を作り上げることが話し合い活動の成否を決めるといってもよいだろう。学級内に民主的な話し合いのルールを確立することが大切である。

3　教師の説話

　説話とは，指導者が児童・生徒の道徳的価値の体得や実践意欲の高揚のために，話し聞かせる指導法である。導入段階で，全体に対する見通しを立てたり，興味を引き起こすために用いられることもあるが，展開後段や終末のまとめにすることが多い。指導者が，自分自身の考えや願い，体験に基づく感想や所感を話し，価値理解や人間理解を図ったり，生き方の自覚を深めるきっかけを作るための方法である。理解を確認したり考える視点を明確にするのにも効果的である。短時間で要領よく内容提示や要点整理ができるという利点を積極的に活用したい。

　説話の内容は，広い範囲から採ることができる。児童・生徒の経

験から遠いものであってもよい。具体的には，指導者の体験談（児童・生徒と同世代だった頃のものから最近のものまで）や願いを語ることが多い。社会の問題に関する情報を提供することもできる。諺や格言を話し，心の拠りどころを与え印象づけることも，道徳性の育成を目指す道徳指導では大切である。そのために，自らの直接的な体験だけでなく，日頃から幅広く話題収集に努力したい。そして，話の内容は，そのままを語るのではなく，要領よくまとめておくなどの準備も心がけ，道徳科の説話として完成させたい。

　教師の体験に裏づけられた説話は，心情に訴え強い感銘を与えることができよう。小学校低学年では，指導者の体験談を楽しみにしている場合も多いようである。体験談を通して，教師の人柄をより深く感じ取ったり，自分たちには経験しにくい世間・実社会のありさまに触れたりすることが喜びとなっているのであろう。

　利用上の留意点として，まず，事前にまとまった形で準備ができ，要領よく学習を進められる点を活用することであろう。その意味では学習効果も大きいが，指導者からの一方的な活動なので，押しつけがましくならないことと，主観的な意見表明にならないように注意が必要である。長い説話はあまり効果がないし，直接的な叱責や訓戒もかえってマイナスになる場合が多い。説話内容から読み取ってもらいたい教訓があるとしても，そのまま出さず，児童・生徒が自ら気づき読み取っていくようにしたい。説話では，押しつけがましい説教口調にならないようにと，指導者は絶えず自戒していることが必要であろう。

　また，指導者が説話によって自己の主観的な信条を述べることにも配慮が必要である。自己の考えを率直に述べることが感銘を与えることもあるから，一概にすべきでないとはいえないが，社会的に見解の分かれていることなどについては，一方的な意見表明を道徳科の説話としてすることは避けるべきであろう。特定の価値観の押

しつけになる危険もあるからである。

　話題内容の選択吟味や話し方の工夫を通して，聴かせる技術を研くことも指導者の心がけるべき事柄であろう。そして，話し手の人格や教養が現れやすいことにも留意する必要がある。

4　読み物教材の利用

　道徳科においては，話し合い，説話とともに多用される指導法である。展開前段で，読み物教材を用いて，その中から視点を定めて話し合い活動に入ることが多い。

　道徳的価値に関する児童・生徒のそれぞれの経験を直接利用すると共通性が取り出しにくいが，教材を用いれば，共通の問題として学習することができ，経験からは引き出しにくい価値をわかりやすくとらえさせることができる，などの理由で展開前段の教材利用は学習指導上有益であるが，なかでも比較的手軽に用意することのできる読み物教材は，頻繁に活用されているといってよい。

　そして，話し合い，説話が「聞く」・「話す」という機能に基づく学習指導の方法であるのに対して，これは「読む」という機能による学習方法である。「聞く」・「話す」は相手がいるが，「読む」は一人でもできる。学級集団としての活動でも，「読む」活動のこの特質を活用して，一人ひとりの読み込みを深めるようにしたい。事前に読ませておく，全体で読んだあと，各自が自分のペースで再読して自分なりの理解を進める，繰り返し読む，などの方法を適宜織り込んでいきたい。

　読み物教材の種類や具備すべき要件についてはあとで取り扱うが，種類は多種多様である。内容という点で見ても，価値理解を進めるのに適したもの，心情を培うのに適したもの，具体的場面での選択能力を鍛えるのによいもの，などがある。児童・生徒の興味や経験量に配慮するとともに，読解力なども考慮して，適切なものを利用

することが必要である。

　読み物教材の利用に際しては，指導者が教材の内容を事前に十分理解しておく必要がある。そのために，事前研究として「教材構造図」の作成を考えたい。教材の内容を分析し，その構造を図式化して表現するものである。具体的には，登場人物の言動（外に表れたもの）やその奥にある考え・気持ちを整理して明らかにし，それらにどのような道徳的要素が含まれているかを示すものである。そして，言動・考え・気持ちなどと関連づけて「発問」を構想し，主要発問を同時に記述しておくことが多い。

　教材構造図作成の作業を通して，資料の全体を視野に入れながら，教材中の各部分についてのきめ細かい分析が可能となるのである。初めて利用する教材については，構造図の作成を心がけることが望まれる。

　教材の利用法はさまざまに考えられるが，それぞれの教材のもつ特質に基づいて，活用の仕方を類型化する考え方がある。教材の内容（登場人物の言動など）に共感させて教材を活用するもの（共感的活用），批判的にとらえさせて自分を振り返ったり道徳的価値をより深くとらえさせようとするもの（批判的活用），一つの模範的事例として示すもの（範例的活用），深い感動を得させるもの（感動的活用）などがそれである。利用する教材のどの箇所をどの活用型で用いるのか，考える際の参考にしたい。この中では，共感的活用法が欠点が少ないようである。登場人物などに寄り添って教材理解ができるので，教材を生かしやすいのである。しかしながら，この場合も，一つの活用法に固定化しないようにする必要があることはいうまでもない。

　教材の内容との関連で教材利用の留意点をあげれば，内容が外国や歴史的に古いもので，児童・生徒になじみのないものであれば，社会状況，地理的条件，歴史的背景などの解説を加えて用いる必要

がある。指導者には，教材内容の分析理解にとどまらず，その背景など幅広い事前の教材研究が重要なのである。

5　視聴覚教材の利用

　絵(紙)芝居，スライド，テレビやラジオ放送の番組，VTR，録音テープ，OHP，統計教材など，画像や音声による教材を活用して学習を進めることは，具体的で迫真性があるので理解しやすく，興味ももてるものである。これらを中心教材として活用する場合もあれば，補助的な提示物として活用する場合もある。読み物教材を読ませながら3，4枚の場面絵を添えて理解を深めたり，臨場感を作るために背景に録音を流して音響効果を高めるなどは後者の利用法である。が，いずれにしても，教育機器の急速な開発・発達によって簡便で利用しやすいものが普及しているから，積極的に活用するとともに利用技術の習得にも指導者は努めたい。

　道徳科用に制作されたテレビ教材やビデオソフトが利用されることも多い。また，CD-ROMや情報通信ネットワークを利用した教材も登場している。これらの多くは具体的に視覚に訴えるものであるから，児童・生徒には理解しやすく説得力も強いという点では優れた教材であるが，反面，内容が具体的な形で提示されるので，ねらいに直接関係しない多様な道徳的要素が含まれていて，視点を絞りにくいことも多い。特に，視聴直後はストーリーの展開に関心が集中し，ねらいとする価値に関係のない箇所に関心が向かい，計画した学習展開に入れないまま時間が経過し，結局ねらいに到達できないという危険性も大きい。また，具体的な画像にとらわれて，表面的な理解にとどまり，掘り下げた見方ができないまま終わることもある。視聴の焦点を明確に指示し，問題意識をもって学習できるように配慮することが必要であろう。

6 動作化・役割演技

 本来,役割演技（ロールプレー）は,臨床医学で集団心理療法の技法として開発されたものである。身体を動かす演技的表現によって,自己の深層にある欲求に気づき,心のもやもやを解消したり,新たな自他の関係を築いたり,自己発見するための技法を,道徳科の指導法として取り込んできたものである。

 道徳科における役割演技とは,「演技的な表現活動を通して児童を主題の展開に参加させるもの」で,「ねらいとする道徳的価値についての共感的な理解を深め,児童自らに道徳的心情や道徳的判断について考えさせる上で効果がある」（『小学校指導書　道徳編』〔平成元年版〕,54頁）とされている。児童・生徒に具体的な場面を示し,特定の役割を与えて演技させ（ときには即興的に）,道徳的価値の理解を体験的に深めたり,強い心情の共感をもたせたり,自他の立場を客観的に理解させたり,望ましい価値選択能力をつけたりする指導法である。観念的な話し合いに陥ることが避けられるし,特に小学校低学年の児童に人気のある学習法である。

 道徳科における役割演技としては,具体的には,次の三つの方法が考えられる。一つは,教材の場面や身近な集団の一生活場面を「再現」的に演じるもの（疑似的追体験）。次に,仮定のある場面での言動を即興的に演じるもの。これは社会的能力を確認したり高めたりするためのもので,ここではどうするだろう,どうすべきだろうとして即興的に演じさせるのである。さらに,心理的葛藤に関するものもある。個人的な問題を取り上げて即興的・自発的に演じさせ,既存のさまざまな拘束・束縛から離れて,自己や自己を取り巻く状況を新しく見直させるものもある。

 役割演技は,演技を通して状況に即した価値理解が進み,単なる言語理解以上に具体的実践への方向づけに有効である。また,叱責・訓戒なども,役の上の人物に向けられているという形をとるの

で，抵抗感が薄らぎ，受け入れやすくなると考えられる。

　実際に演技させる場合は，演技の上手，下手にとらわれず，のびのびと表現活動ができるように配慮したい。そして，興味本位に走ったり，その場の雰囲気に流されたりしないように，ねらいを明確にし，演技場面をしっかり設定することが大切である。ともすれば，級友への「うけ」をねらった奇抜な言動に走りやすい。おもしろおかしく演じてやろう，といった雰囲気にならないようにし，ドタバタ喜劇に終始した役割演技の時間にならないように十分配慮したい。

7　書く活動

　授業の中心発問に対する考えや授業を通して学んだことを「道徳ノート」などに書かせることも多い。書くという作業は，自分の考えや感じ方を明確にしたり，他者を意識することなしに自己を深く見つめさせることができるので，適宜に学習活動に組み込むことは効果がある。道徳ノートに継続的に書かせることで，一人ひとりが自分の学習の軌跡を記録することにもなる。指導者側から見れば，書かせたものから児童・生徒一人ひとりの考え方・感じ方を追跡することが可能で，個に応じた道徳指導への参考とすることができる。

　しかし，漠然とした形で書かせても，「(教材中の)○○君はえらいと思います，ぼくもがんばりたいです」式のものしか書けない。書かせるべきことを焦点化して示し，児童・生徒がまとめをつけられるように利用していきたい。自他の意見の違いを明確にするように書かせる，これまでの自分と，学習で得たこととの違いをまとめさせるなど，具体的に書く視点を指示して書く作業に取り組ませるのである。

　道徳科の終末で，いつも感想を書くことに負担を感じている者もいる。特に小学校低学年の児童にとっては，自分の考えをまとまった形で書くことは大きな負担であることを考慮し，必要な範囲にと

どめるようにしておきたい（書く力をつける指導の重要性とも関連するが）。

8 発　問

　発問とは，学習活動の促進や学習者の能力伸張のために指導者から学習者に向けて発せられる「問いかけ」である。道徳科では，指導者の発問によって学習展開されることが多く，授業の中できわめて重要な役割をもっている。

　学習活動を方向づける，問題意識を喚起する，考える視点を指摘する，話し合いのきっかけを与える，ねらいとする価値に気づかせる，一人ひとりの心に問いかける，自分を振り返らせるなど発問内容はさまざまで，学習活動の各段階で多用されるものである。特に道徳科では，価値の主体的自覚や道徳性を育成することを主たるねらいとするから，自分のこととして考える視点や実践の意欲を引き出す視点を基本として，発問構成する必要がある。

　道徳科の発問は，学習展開の骨組みとなる「基本発問」，ねらい達成のためのもので授業の核となる「中心発問」，学習を効率的に進めるために必要に応じて付け加えられる「補助発問」の三つに大別される。中心発問は，授業のねらいに迫るための発問で1主題（1時間）に1問，多くても2問程度用意する。学習者が道徳的価値と真っすぐに向き合う場を設定するための「問いかけ」である。基本発問は，授業展開の要所要所で用意されるもので，授業の節目として構成する。補助発問は，基本発問や中心発問だけでは指導者の意図や願いが伝わらない場合に，いいかえたり，別な視点で問いなおしたり，説明を加えたりするものである。

　発問は，その受け手（学習者）から見てわかりやすく，考えや感じ方の刺激となるものでなければならない。言葉遣いや用語の難易度などにも留意する必要がある。

9 板書

 ねらい達成のための説明や学習内容の要点を，学習の場に視覚的に示すものが板書である。学習の場におけるコミュニケーションの方法であるから，学習者全員に理解できるなら簡潔でよく，詳細に書き連ねる必要はない。道徳科では，学習の流れが発展的に示されること，ねらいに迫る中心発問に関する場面が重点化されたもの，全体の理解を促すとともに，学習者一人ひとりが自らの生活と結びつけて考えたり感じたりできるもの，といった点に配慮することが望ましい。板書の基本的な形は，授業前に構想しておくこともできるので，1主題（1時間）を1枚の板書に収めることが望ましい。板書によって学習の流れを振り返ったり，終末段階での学習の確認作業にも効果的に活用できるのである。

第6節　道徳科の教材

1　教材の意義

 道徳科の教材（「道徳教材」と節末まで略記する）は，価値について児童・生徒の思考を深める素材としての役割，思考の基盤としての役割をもつ。また，教材中の人物や状況に即して自分を見つめ，自らの生き方を考える刺激剤としての機能ももつ。ねらいと学習者を結びつける媒体ともいえよう。道徳性の育成を目指す道徳科において道徳教材のもつ役割は大きいのである。

 しかしながら，道徳教材はまさに教材＝material，つまり学習の素材であって，それだけで学習効果のあるものではない。完成品ではないということである。それをもとに（素材として）学習指導の中で道徳性の発達を促し，道徳性の育成のために指導者が活用するものである。指導者の活用能力が学習の結果に大きな影響力をもっていることを自覚したい。

学習素材としての道徳教材と他の教科の教材（教科教材）との違いについては，次のように整理することができよう。教科教材は，単元としての学習内容そのものであり，中心的な学習内容である。これに対して道徳教材は，学習過程のある段階で利用されるもので，必ずしも中心的な学習内容ではない。その意味ではあくまで，学習の参考に供される教材であって，それ以外の教材でねらいが達成できないわけではない。

　また，教科教材は教材として固有の序列性や発展性をもち系統的に学習することが必要であるが，道徳教材は相互にそれほどの序列性などがあるわけではないという点も，教科教材との違いとしてあげられる。

2　教材の類型

読み物教材と視聴覚教材　道徳教材は，道徳的価値について自覚するための糸口・手がかりになるものを含むものであるから，その点を満たせば，どのようなものでも教材として利用できる。そして，この意味での道徳教材は，いろいろな視点で類型化して整理されるが，伝達（表現）形態の違いによって，「読み物教材」と「視聴覚教材」とに区別できる。

　読み物教材としては，昔話，寓話，逸話，物語，伝記，詩，日記，作文，新聞記事など，さまざまな活字となったものがあげられる。一方，テレビ・ラジオ放送，VTR，スライド，映画やTP（トランスペアレンシー＝透かし絵），絵図，紙芝居（絵芝居），ペープサート（人物・動植物・物の形を紙に書いて切り抜いたもの。支え棒をつけて動かして使うことが多い），影絵，模型，標本，写真，地図などの直接視覚に訴えかける視聴覚教材もよく活用されるようになってきている。また，情報化の進展により，道徳科においても，インターネットなどの情報通信ネットワークを利用した教材が活用されている。

文部科学省は,「道徳の時間」の指導に利用させることを目的とする「読み物資料集」を刊行している。いわゆる「文部省資料」といわれるもので、授業に際して、ここから適宜利用されている。最近では,小学校,中学校別に編集された「読み物資料とその利用」が平成2(1990)年度から継続的に刊行されてきた。また,平成14(2002)年度から小・中学生全員に配布された『心のノート』が,道徳科に活用されることも多い。そして平成26(2014)年度からは『私たちの道徳』が『心のノート』に代えて配布されて活用されている。

教材の内容に基づく分類　道徳教材は,その内容から,実践教材,葛藤教材,知見教材,感動教材などと分類されるのが一般的である(この分類法は,宮田丈夫『道徳教材の類型と指導』〔明治図書出版,1966〕によるもの)。

「実践教材」とは,基本的生活習慣の確立や礼儀作法の定着に関するもので,その習得実践を直接志向する内容をもつものである。また,教材が価値理解を深める内容をもつものであれば「知見教材」と位置づけられ,対立葛藤場面を中心に構成されていれば「葛藤教材」というのである。知見教材は,価値や行動規範を具体的に提示し知識理解を求める教材である。葛藤教材は,登場人物の心の葛藤に結末を与えず未解決の状態にとどめておき,自分ならその葛藤状況をこう解決する,と判断させるものである。「感動教材」とは,学習者の心情に訴え,感動を引き起こして実践意欲を高めるものである。内容を厳密に吟味すれば,二つ以上の類型に同時に当てはまる場合もあるが,一つの類型に分類され位置づけられる。

中心教材と補助教材　さらに,授業の中で利用される段階を基準に,中心教材と補助教材とに分類することもある。指導効果を高めるために複数の教材を使用する場合があり,学習過程の展開段階で使用する教材が「中心教材」,終末や導入段階で使用するのが「補助教材」である。

第7節 道徳科の評価

　道徳教育における評価を広くとらえ，学校の教育活動全体で行われている道徳教育の成果に関する評価や道徳教育の諸計画（全体計画，年間指導計画や学級における指導計画）に関する評価などもあるが，ここでは，道徳科の評価に限って説明する。

　道徳科で「評価」という場合，異なった二つの意味で用いられる。一つは，道徳科の学習における児童・生徒の道徳性に関する評価である。それに対して，道徳科の指導に対する評価が別に考えられる。これは，学習指導の過程や方法，利用教材などに関する評価である。前者が児童・生徒という学習者に関する評価とすれば，後者は指導者の指導意図，計画，方法などに関する評価ということもできよう。

　教育における評価は，それをその後の指導に生かし，児童・生徒の成長に役立てるためになされるものであるが，道徳科の評価にもこのことが当てはまる。いずれの場合でも，正確で適切な評価をして児童・生徒の道徳性を高め道徳性の向上に役立てる，という観点を忘れないようにしたい。

　道徳科における評価には，上記の二つとは別に，児童・生徒が自分の道徳的行為を振り返ったり，向上への決意を新たにする契機としての自己評価を指す場合もある。これは，学習者に自己を客観的に見つめさせ，自己の現実の姿やあるべき姿を自覚させるもので，道徳性の育成に役立つが，この意味の評価については，一つの指導法とみなし，ここでは詳論しない。

1　道徳性の評価

　具体的に，児童・生徒の道徳性の評価から考えてみたい。道徳科の学習によって，彼らの道徳性がどのように変容したかを見る評価

である。学習内容がどのように内面化されたか，主体的自覚ができたかなどを，道徳的な判断力，心情，実践意欲と態度について分析評価するのである。

　方法としては，児童・生徒の学習内容に対する反応を把握する必要がある。発言の内容，級友の発言への反応（同意の仕草，つぶやき，驚きの表情など），教材の読みや話し合いの場での態度，学習の後半（展開後段や終末）で自分自身を見つめるときの様子，感想文や道徳ノートへの記述の内容などが，評価の手がかりとなる。さらには，道徳科にとどまらず，学校内外での生活場面でも，道徳科での学習内容が定着しているかどうかを評価する必要がある。

　道徳性の評価に関しては，重要な留意点がある。道徳性の評価にあっては，人格の全体に関わることであるから，慎重かつ客観的になされる必要がある。そして，その結果は，児童・生徒の道徳性の指導のためにのみ限定して利用すべきである。また，評価する者は，児童・生徒の成長を願うという姿勢を忘れてはならないだろう。

　評価に際しては，一つの方法だけに頼らないで，総合的に見ていく必要がある。また，道徳性の変容は一挙に短期間で成し遂げられることは少ないから，１時間の学習指導で大きな成果が現れるとは限らない。長い成長過程のワンステップとしてとらえ，継続的にある程度の時間をかけて評価するという観点を忘れないようにしたい。長い時間の流れの中で道徳性をつけることを目指すのが道徳科であるから，短期間で行われる「評定」は，道徳性にはなじまない。道徳科において評定は適切でないとされるのは，そのためである。そして，道徳性は，一人ひとりの内面に築かれるものであるから，外面的な行為の評価にとどまらず，それを支えている気持ちや考えについても把握するようにしたい。

　『学習指導要領』(27年改訂版)の解説書では，「道徳科に関する評価」として，「数値による評価ではなく，記述式であること」，「他

の児童(生徒)との比較による相対評価ではなく,児童(生徒)がいかに成長したかを積極的に受け止め,励ます個人内評価として行うこと」,「他の児童(生徒)と比較して優劣を決めるような評価はなじまないことに留意する必要があること」,「個々の内容項目ごとではなく,大くくりなまとまりを踏まえた評価を行うこと」,「発達障害等の児童(生徒)についての配慮すべき観点等を学校や教員間で共有すること」の必要性を述べて,それらに基づいて,「指導要録」の書式の改訂も行われるので,各学校でも適切に評価を行うことを求めている。

道徳科は教科ではあるが,数値評価はせず,児童・生徒の成長を見守り励ますという視点を大切にした記述評価が基本となる。そのためには,継続的に児童・生徒の生活の全体を見据えて指導にあたることを重視したい。

2 指導に関する評価

道徳科の指導の評価は,指導法や指導者の力量の向上のためのもので,その後の指導の効果をよりいっそう高めるためになされる。これは,学級における具体的な学習指導がなされた直後に,その成果や問題点を明らかにするため,時間をあけずにする必要がある。

評価の観点としては,指導過程の計画,構成に関する評価と実際の指導場面の評価とが考えられる。指導過程の構成に対する評価では,指導を展開してみて,はたして事前の学習指導計画が適切であったか否かが中心に取り扱われる。

ねらい達成の状況・程度(設定したねらいにどの程度近づけたか),ねらいへの迫り方に無理がないか(学習者の考え方や感じ方をふまえてねらいが設定されていたか),教材が発達段階や生活実態から見て適切なものであったか,教材の活用場面は適切であったか,教材の内容理解にとどまらず,価値把握できるように計画されていたか,多

様な考え方・感じ方を引き出す手立てが設けられていたか，一人ひとりの個に応じた学習の配慮がなされていたか，実践を無理強いすることなく道徳的価値の主体的自覚（内面への定着）が意図されていたか，指導前の児童・生徒の道徳性の実態把握が正確であったか，各段階での指導法や時間配分が適切であったか，などの具体的な観点があげられる。

他方，実際の指導に関する評価としては，計画どおりに，計画にしたがって指導が展開されたか否かという点が重要であるが，主体的・積極的に学習に取り組むような雰囲気づくりがあったか，発問が効果的に出されていたか，学習者の反応を生かして授業が展開されていたか，などの観点から評価する必要がある。このような評価を積み重ねることによって，指導者の指導技量の向上に役立てられるのである。

方法としては，道徳性の評価について述べた箇所であげたものを通して判断することもできるし，教師が相互に参観し批評し合うなどの方法も効果的である。授業研究会などを設けて，授業記録をとり分析し検討するのであるが，ビデオに授業の様子を収録しておいて，それを見ながら検討することなどもよく行われている。

［参考文献］
文部科学省『小学校学習指導要領解説　道徳編』，2008年。
文部科学省『中学校学習指導要領解説　道徳編』，2008年。
文部科学省『小学校学習指導要領解説　特別の教科　道徳編』，2015年。
文部科学省『中学校学習指導要領解説　特別の教科　道徳編』，2015年。

（小寺正一）

第7章 道徳的実践の指導

第1節 道徳的行為の条件

　われわれは日常的にさまざまな行為を実践している。そしてそのすべてが道徳的であるか否かを問われるわけではない。では，行為が道徳的であるということは，どのような場合のことであろうか。すでにアリストテレス（Aristotelēs, 384-322 B.C.）は『ニコマコス倫理学』において「徳（アレテー）」について考察し，随意的（ヘクーシオン）な場合には称賛ないし非難が与えられるが，不随意的な場合には同情ないし憐憫が与えられるという。そして，倫理的性状（エートス）については，さらに「選択」が重要であるとする。このことはすなわち，行為が道徳的であるか否かを考える場合には，それが自由な行為であるということが必要であることを意味する。

> 徳(アレテー)は，かくして，情念(パトス)ならびに行為(プラクシス)にかかわるが，賞讃ないしは非難の向けられるのはこれら情念や行為が随意的なものである場合にかぎられるのであって，もしそれが不随意的なものであればかえって同情が，ないしは時として憐憫さえもが寄せられる。　（アリストテレス『ニコマコス倫理学』上，83頁）

　「随意的」ということは，われわれにとっては「自由」という言

葉であると考えたほうがわかりやすいであろう。逆に,「不随意的」とは自由でないこと,すなわち外から何かを「強要」されたり,誰が・何を・何について・何において・何によって・何のために・いかなる仕方で行うことかなどについて「無知」・「無識」のゆえに行われることをいう。

そしてまた,「選択」すなわち「選ぶこと」が重要な要素となる。

> まことに,「選択」ということは 徳(アレテー)と最も緊密な関係を有しているのであって,われわれが何を選択するかということは,外面にあらわれた行為以上に,われわれの「倫理的性状(エートス)」の判定に役立つと考えられる。　　　　　　　　　　(同書,90-91頁)

したがって,アリストテレスによると,

① 強要されていないこと,すなわち自発的であること
② 無知識でないこと,すなわち何をしているか知っていること
③ 選択していること

の三つが徳の成立要件である。より狭義には,「選択」が随意的すなわち自由の基本的な意味であるとし,したがって,徳の成立のためには自由であることが必要であるとしている。

カント　さらに,道徳と自由との関係を端的に表現しているのが,カントの次の言葉であろう。

> 自由は確かに道徳的法則の存在根拠 (ratio essendi) であるが,しかしまた道徳的法則は自由の認識根拠 (ratio cognoscendi) である,……　　　　　　　　　　(カント『実践理性批判』,18頁)

すなわち,自由は道徳法則が存在するための根拠であること,つまり自由があるからこそ道徳法則が存在するのであり,したがって自由がなければ道徳法則は存在しない。また逆に,道徳法則は自由

が存在することを教えてくれる，つまり道徳法則がこの世に存在するということは，自由が存在することの証明であるということである。

　自由がなければ，われわれは人間の自由意志に基づいて行為の選択をすることができないのであるから，その場合は道徳法則は存在しない。選択の余地のない必然的な行為に対して，われわれは道徳的評価を下すことはない。その意味で自由が道徳法則の根拠であり，逆にいえば，自由がなければ道徳法則は存在しないのである。次に，われわれは事実として道徳法則をもっている。事実としてわれわれは自分や他者に対して道徳的評価を下しているのである。道徳法則は自由を根拠として存在するのであるから，道徳法則の存在は自由が存在することをわれわれに認識させてくれるのである。

　カントにとって，道徳的行為は，「道徳法則」に従った行為である。純粋に動機がこの道徳法則にかなった場合にだけ「道徳的」と呼びうる，というのである。この場合，道徳法則は理性によって定言的に命令されるものであり，一方でこの道徳法則に従うことを妨げるのは感性（傾向性）である。人間にあってはこの感性の誘惑に打ち勝っていくことが要求される。

道徳と自由　さて，アリストテレスやカントが説明するような道徳と自由との関係から，われわれは道徳教育にとってどのようなことを学べるのであろうか。アリストテレスもカントも，道徳が成立するためには，人間の自由意志に基づいた行為が評価されるのであるから，自由の存在が必要であることを強調している。強要されたり，行為の意味を知らなかったりした場合には，われわれは「善いことだ」とも「悪いことだ」とも評価しないのである。もちろん，行為の結果が一般的な見地から善悪を評価されることはあるが，行為の責任を問う場合には，行為者の動機がどうであったかを参照する。そのとき，自由な行為であることが必

要なのである。この自由意志に基づいて「善く行為する」能力が道徳性であり，本当の意味で「道徳的行為の実践力」ということができよう。

　道徳教育はこうした道徳性を育てることを目標とする。それは，生まれながらに身についているものではなく，教育の過程において獲得されるものである。そのためには，道徳的行為の成立用件である「自由意志」に基づく行為の選択の訓練をすることが必要であろう。それが学校教育における道徳教育の役割である。

　したがって，具体的には，子どもたちは「自由」な状況の中で，「自由」な選択を体験し，その過程を通じて「より善い行為の選択の仕方」を学んでいかなくてはならない。だが，それをより具体化するためには，道徳的行為の実践の構造を明らかにしておく必要がある。

第2節　道徳的実践の構造

行為の実践的三段論法　　われわれが一般に何か行為しようとするとき，その行為はどのように意志決定され実践されているのであろうか。アリストテレスは，次のように説明している。

　　われわれが思量するのは目的に関してではなく，目的へのもろもろのてだてに関してである。たとえば，思量されるのは，医者の場合にあっては病人を健康にすべきかいなかではなく，弁論家にあっては相手を説得すべきかいなかではなく，政治家にあっては良政を行なうべきかいなかではないのであり，その他何びとにあってもその目的に関してではない。かえって，ひとびとは目的を設定した上，この目的がいかなる仕方で，いか

なる手段によって達成されるであろうかを考察する。そうして，この目的を達成する幾つかのてだてがあると見られる場合には，そのいずれによって最も容易にまた最もうるわしく達成されるであろうかを考察するし，もしまた達成のてだてが一つであるならば，いかなる仕方でその目的がこのてだてによって達成されるか，そうしてこのてだてはさらにいかなるてだてを要するかというふうにして第一の因（それは発見されることにおいては最後のものである）にまで遡る。（中略）そして，もし不可能なことがらにぶつかったならば，すなわち，たとえば，金銭を要するがそれの調達ができないというような場合には，ひとびとはそれを断念するし，またもし可能と見られるならば行動を開始するのである。可能とはわれわれによって達成されうるという意味である。 (前掲書，96-97頁)

つまり，われわれが何か行為しようとする場合に考えるのは，何かある目的を大前提として立て，その目的を達成するための手段を列挙し，その手段の中から最も効率的でうるわしいものを選び，それが可能であれば行動を開始し，不可能であれば断念するか，あるいはもう一度最初から同じ手続きで考えをやり直すことになる。これがいわゆる「実践的三段論法」である。このことを整理すると次のようになる。

　　大前提　或る目的 A（たとえばお金）が望ましい。
　　小前提　しかるに p, q, r, s, t というような手段は，この A を可能にするであろう。そのうち，p が一番見事に，すなわち効果的に，美しく A を実現するであろう。
　　結　論　それゆえ p を行為として執る。

(今道友信『愛について』，30頁)

道徳的実践の三段論法

さて、それでは道徳的行為の場合はどうであろうか。一般的な行為の場合は上述の手続きで行為は選択される。だが、行為が道徳的であるかどうかは、その行為が道徳的原理に基づいて実践されたかどうかが問われる。村井実はこうした視点での説明を次のように整理している（村井 実『道徳教育の論理』, 212-213頁）。

哲人的機能
〔大前提〕……
〔小前提〕……
〔結　論〕道徳的大原則（「訴え」的人間像）

↓

立法家的機能
〔大前提〕道徳的大原則（「訴え」的人間像）
〔小前提〕経験的世界の科学的認識（人生の諸条件・原因・結果等の組み合わせの知識）
〔結　論〕実践規則（原理・原則＝徳目）

↓

裁判官的機能
〔大前提〕実践規則（原理・原則＝徳目＝慣習的道徳）
〔小前提〕状況の認識（科学的知識の応用による認識）
〔結　論〕行為の選択・決定

村井は、道徳的行為は、上述のように道徳的原理・原則を個別的・具体的な状況に適用することで行為の選択・決定を行うものであるとしている。したがって、裁判官的機能の教育としての道徳教育は、この考え方によれば、

(1) 大前提である道徳的原理・原則（慣習的道徳）の知識の指導
(2) 小前提である個別的・具体的な状況を科学的に認識するための指導
(3) 結論として大前提・小前提を踏まえて行為の選択・決定をする指導

という三つの要件を満たす必要があることになる。実際，小学校や中学校での道徳教育の具体的な内容はこのレベルで行われる。

しかしさらに注意すべきは，道徳的原理・原則（慣習的道徳）の指導はもちろん重要であるが，そうした道徳的原理・原則がなぜ大切であるかという問いが立てられることである。例えば，「正直であれ」という原理・原則をどのように日常生活の場面に適用して行為の選択・決定をするかということはそれだけで課題であるが，さらに，「なぜ正直であらねばならないのか」という問いが立てられるということを注意しなくてはならない。これを「立法家的機能」と呼んでいる。ここで問題になるのは「道徳的大原則」と呼ばれているもので，「あるべき，望ましい人間の像」から引き出されるのが道徳的原理・原則であるということである。中学校から高等学校にかけての生徒の中には，このレベルの問題意識をもつ者が出てくる。その問題意識に対しては，最初の裁判官的レベルでは応えることができず，この立法家的機能のレベルでの対応が必要となる。さらに，その立法家的機能に論理的に先行するのが，「何をもって人間のあるべき，望ましい像と考えるか」という哲人的機能である。これは，古くから哲学・倫理学が中心的な課題としてきたものをその内容としている。

したがって，道徳教育をその全体構造から考えるならば，以上の三つの機能のすべてにわたっての指導が必要であることになる。もちろん，これは子どもの道徳性の発達段階を無視した議論であるから，子どもの発達段階に応じてどの機能のレベルの教育が最もふさわしいかを適切に判断しながらの指導が必要である。そして，たとえ裁判官的機能の教育が多く要求される場であっても，指導者としては全体の構造を念頭におき，子どもの中に現在のレベルを乗り越える発想が出てきた場合，それにきちんと対応できる体制をもつことが重要である。

森岡卓也は，道徳的原理・原則を個別的・具体的状況に適用し行為の選択・決定をする構造を「三位一体的」と呼ぶ。具体的な例での説明を引用する。

> A大前提　人はだれにも親切にすべきである。
> B小前提　あのおばあさんはバスの中で苦しそうに立っている。
> C結　論　ゆえに，あのおばあさんに親切にすべき（座席を譲るべき）である。

Cの道徳的行為ができるためには，Aの道徳的原理を知っていると共に，Bの状況を正しくつかんでいなければならない。つまり，Cのためには，AとBが共に不可欠である。Aの項だけが記入されてBの項は空白であるか，あるいはBの項だけが記入されてAの項は空白であるとすれば，いずれの場合もCの項は記入できない。ABCは互いに切り離しては考えられない。このように，道徳的原理・状況・行為の関係は，いわば三位一体的なものである。

（森岡卓也『子どもの道徳性と資料研究』，54頁）

道徳教育との関連　道徳科の指導が，とかく道徳的原理・原則の知識の指導だけに偏り，その結果として徳目主義的な指導にとどまってしまうことから脱却するためには，道徳的行為の「三位一体的構造」を念頭において，バランスよく指導することが重要である。道徳的行為は，原理・原則を知り，それを具体的状況に適用して初めて可能となる。道徳科の目標である「道徳性の育成」の意味するところは，実は，このことであるといえる。

> 道徳性とは，人間としてよりよく生きようとする人格的特性

であり，道徳教育は道徳性を構成する諸様相である道徳的判断力，道徳的心情，道徳的実践意欲と態度を養うことを求めている。(中略) これらの道徳性の諸様相には，特に序列や段階があるということではない。一人一人の児童が道徳的価値を自覚し，自己の生き方についての考えを深め，日常生活や今後出会うであろう様々な場面，状況において，道徳的価値を実現するための適切な行為を主体的に選択し，実践することができるような内面的資質を意味している。(中略) 道徳性は，徐々に，しかも着実に養われることによって，潜在的，持続的な作用を行為や人格に及ぼすものであるだけに，長期的展望と綿密な計画に基づいた丹念な指導がなされ，道徳的実践につなげていくことができるようにすることが求められる。

(『小学校学習指導要領解説　特別の教科　道徳編』，19頁)

アリストテレスは「徳」を，教示によって獲得可能な「智恵とかものわかりのよさ」などの「知性的な徳」と，習慣づけによって獲得可能な「穏和とか節制」などの「倫理的な徳」とに分けた。後者の倫理的な徳は行為を通じて獲得される。「われわれはもろもろの正しい行為をなすことによって正しいひととなり，もろもろの節制的な行為をなすことによって節制的なひととなり，もろもろの勇敢な行為をなすことによって勇敢なひととなる」(前掲書，56-57頁)。してみると，『解説書　道徳科編』の記述は，アリストテレスの考えた徳の形成の二つの面を総合的に説明していると解釈できよう。すなわち，道徳性の育成としての，上述の「三位一体的構造」の指導と，また具体的な道徳的実践の指導との相互的な兼ね合いが道徳性を高めるものと考えるのである。

ところで，具体的な道徳的実践が行為として可能であるためには，まだ考慮すべき要素がある。つまり，われわれは，どのように行為

すべきかを「知っていてもできない」場合があることを経験している。知らないで無自覚的に，あるいは習慣的に行う行為であればそのようなことはないが，道徳的評価が厳しく問われる場面になるほど，選択・判断したことと行為とのズレが生じやすい。それを乗り越えるためには，個人の側の原因と環境の側の原因を克服する必要がある（森岡，前掲書，55-56頁）。

すなわち，「恥ずかしい」などの「感情を抑制する力ないしは精神的エネルギー」が個人の側の原因としてあげられる。この力を育てるためには，上述のように，道徳的実践の構造を前提にした着実な「道徳科での指導」が必要であろう。「人は普通，衝動的ないし習慣的行動以外は，内心〈よい〉と思うことしか行わない」（同書，56頁）のであれば，人が「よい」と思うことの判断構造をより強い，より安定したものにするような，道徳的判断の訓練が必要なのである。そのときの「判断」とは，感情・心情と分離された意味での「判断」ではなく，感情・心情を含んだ「判断力」である。つまり，「嬉しい，楽しい」あるいは「辛い，悲しい」，「嫌だ，面白くない」などの感情・心情を前提にした，「このようになすべきだ」という判断である。

また，環境の問題については，子ども自身の問題というよりは，善い行為を「恥ずかしい」と感じさせる要因としての，学校をはじめとする地域社会や家庭をも含めた環境の問題として考えるべきである。コールバーグが関わった「ジャスト・コミュニティ」の実現はその具体的な研究であるといえよう（岩佐信道「連載・コールバーグの道徳性発達理論と道徳教育」参照）。つまり，善い行為が実践されようとする場合，それを「恥ずかしい」などと抑止する傾向をもつ環境の問題は，学校においては「学級経営」，「学校経営」の問題であり，家庭においては「家庭経営」の問題である。善い行為が素直に実践でき，それを承認・称賛する雰囲気・状況がなくてはならな

い。その中で子どもは励まされ力を獲得していくのである。逆に，善い行為が揶揄され嘲笑される状況では，子どもは行為への意志を削がれる。まして，共通に守るべきルールが無視され，「正直者がバカをみる」ような環境では，道徳的行為は期待できない。

第3節 体罰について

　基本的生活習慣の指導は，一般に「しつけ」と呼ばれている。N. J. ブルはこのしつけを大別して，「肉体的しつけ」と「心理的しつけ」に分ける。「心理的しつけ」は方法として望ましい。すなわち，この方法は「子どもとともに理性的に考えようと努める」ものであり，「子どもが自分で判断することを許可し，彼が処理できる程度の責任を与えて彼を励ますことによって，子どもの行為の動機を理解しようと努める」(ブル『子供の発達段階と道徳教育』，128頁) のである。こうした方法で子どもに接することで，子どもは善悪のそれぞれの行為の意味を内面的に獲得することにつながる。なぜ善いのか，なぜ悪いのかを知っている子どもは，誰かが見ていようといまいと，自分の行為を自分で判断することができるようになる。

　こうした心理的しつけは，子どもと保護者や教師との関係が愛情を仲介にした望ましいものであれば，よりスムーズにいく。子どもは本来的に自分を保護し育ててくれる者に対して愛着をもち，少しでも自分を気に入ってほしい，大切にしてほしいと願っている。大人の期待に応えたいとしている。そしてまた大人の側でも，誤った教育思想の持ち主でもないかぎり，必然的にこうした教育方法を採用しているはずである。

　だが，現実には，こうした望ましいしつけの方法ではなく，「肉体的しつけ」いわゆる「体罰」が家庭でも学校でも横行していることが繰り返し指摘される。体罰は道徳教育の対極にあるものといえ

るが、ここでは道徳的実践の指導の問題の一つとして考察しておきたい。

体罰の定義の問題　体罰は、一般に教育の具体的手段として考えられている。そして、その教育方法としての有害性についても、しばしば指摘されている。すでに明治12(1879)年の「教育令」において、体罰の禁止が明文化されている。

> 「凡学校ニ於イテハ生徒ニ体罰―殴チ或ハ縛スルノ類―ヲ加フベカラズ」（第46条）

明確な規定が、しかも法律として存在しているにもかかわらず、体罰は教育の世界で横行していたことは事実であろう。もちろん、すべての教師がそうであったわけではないが、教師が児童・生徒を体罰によってコントロールする（これを教育ということはできない）ことは日常的にあった事実であり、保護者たちや地域の人々も、学校で教師が体罰を行使することに異議を唱えたことは少ないのではないか。それどころか、積極的に「どうぞ叩いて下さい」とすらいい、体罰の意義を承認していたのではないか。

今日においても、「学校教育法」で体罰は明確に禁止されている。

> 「校長及び教員は、教育上必要があると認めるときは、文部科学大臣の定めるところにより、児童、生徒及び学生に懲戒を加えることができる。ただし、体罰を加えることはできない。」
> （第11条）

このように、法律で明確に禁止されている以上、「体罰は法律違反」である。したがって、体罰は教育の方法などでは決してない。「少しくらいなら必要だ」とか「必要な場合もある」などというのは、体罰の程度を問題にしているのであって、本来的に成立しない論議である。そして、法律違反であるからには、違反者に対しては

相当のペナルティー，すなわち「罰」が与えられる。刑法上，傷害罪・暴行罪あるいは場合によっては殺人罪が成立し，そしてそれと同時に，または独自に民法上の損害賠償請求の対象となりうる（日本弁護士連合会編『子どもの人権救済の手引』参照）。

こうした「体罰は法律違反である」という意識が，一般にきわめて希薄である。保護者はもちろんのこと，教育の専門家であるはずの教師たちの間にも，体罰の意味についての正確な知識のまったくない者が多数存在するのはきわめて重大なことである。事は子どもたちの人権の問題に関わる。「子どもたちの権利を護る」立場にある者が，率先して子どもたちの権利を侵害しているというのでは，教育を語る以前の問題である。

ただし，問題を複雑にしている要因がある。それは「学校教育法」も「懲戒」を教育の手段として認めているからである。もちろん，懲戒を認めるといっても「暴力」を認めているわけではない。だが，具体的な教育現場での，例えば「立たせる」，「座らせる」といった方法は普通にとられているものであろう。だが，こうしたことも「体罰」でありうる。「体罰」と「懲戒」との区別についての行政解釈は，昭和23(1948)年に法務庁が出した「児童懲戒権の限界について」が参考にされている。

「懲戒の内容が身体的性質のものである場合を意味する」。「身体に対する侵害を内容とする懲戒—なぐる，けるの類—がこれに該当する」。「被罰者に肉体的苦痛を与えるような懲戒もまたこれに該当する。たとえば端坐・直立等，特定の姿勢を長時間にわたって保持させるというような懲戒は体罰の一種と解せられなければならない」。「特定の場合が……該当するかどうかは，機械的に測定することはでき［ず］……当該児童の年齢・健康・場所的および時間的環境等，種々の条件を考え合わせて肉体的苦痛の有無を判定」すべきだとしている。

「合理的限度」を超えた懲戒が体罰であるとされるが、実際には
その判定は難しく、「あらかじめ一般的な標準を立てることは困難
である」。では、どうするのか。「個々の具体的な場合に、当該の非
行の性質、非行者の性行および年齢、留め置いた時間の長さ等、一
切の条件を綜合的に考察して、通常の理性をそなえた者が当該の行
為をもって懲戒権の合理的な行使と判断するであろうか否かを標準
として決定する外はない」。

「通常の理性をそなえた者」の判断、すなわち「常識」で判断す
るというのであるから、ある意味で健全であるともいえるが、一つ
の行為について加害者と被害者とで解釈が異なることは不思議では
ない。加えた者が「懲戒」だと考えたとしても、加えられた者が
「体罰」と受けとめることがありうる。

また、昭和24(1949)年には、法務府が「生徒に対する体罰禁止に
関する教師の心得」を出している。それによると、7カ条があげら
れている。これは、日常的に学校で行われていることが体罰にあた
るかどうか判断に苦しんだ当事者の問題として興味深い。

(1) 用便に行かせなかったり食事時間が過ぎても教室に留め置く
ことは、肉体的苦痛を伴うから体罰となり、学校教育法に違
反する。
(2) 遅刻した生徒を教室に入れず、授業を受けさせないことは、
たとえ短時間でも義務教育では許されない。
(3) 授業時間に怠けた、騒いだからといって、生徒を教室外に出
すことは許されない。教室内に立たせることは、体罰になら
ないかぎり懲戒権内として認めてよい。
(4) 人の物を盗んだり、こわしたりした場合など、こらしめる趣
旨で、体罰にならない程度に、放課後残しても差し支えない。
(5) 盗みの場合など、その生徒や証人を放課後尋問することはよ

いが，自白や供述を強制してはならない。
(6) 遅刻や怠けたことによって掃除当番などの回数を多くすることは差し支えないが，不当な差別待遇や酷使はいけない。
(7) 遅刻防止のための合同登校は構わないが，軍事教練的色彩を帯びないように注意すること。

また，『生徒指導資料 第二集』（文部省）によると，「正しい懲戒のあり方」として次の4点があげられている。

(1) 形式的・機械的な処理でないこと。
(2) 感情的・報復的な処置でないこと。
(3) 不公平・不当な処罰でないこと。
(4) 安易・無責任な処罰でないこと。

この注意は逆説的に読めば，このような注意事項をあげざるをえないほどに，「形式的・機械的に，感情的・報復的に，不公平・不当に，安易・無責任に」懲戒が行われ，加えられた側からすれば，それはまさしく「体罰」以外の何ものでもないという状況があるということである。

「体罰否定の論理」を 「体罰はよくない」とたいていの人はいうだろう。では，なぜ体罰は否定されなくてはならないのか。もし多くの人が体罰否定の論理を明確に保持することができれば，事態は改善されるのではないか。当面考えられるかぎりの体罰否定の理由をあげてみたい。

(1) 体罰は子どもの人権・人格を否定し破壊する違法行為である。
あらためて強調することになるが，子どもは一人の人間として人権・人格をもつ。生存権・生命権・発達権・成長権などの基本的人権をもつ存在である。大人が人権・人格をもつ存在であることを疑

う人はいないであろうに、なぜ子どもに人権・人格を認めようとしないのか。街頭であれば、程度の軽い平手打ちですら暴行罪が成立することに誰も異論はないであろう。ではなぜ、学校の中では、あるいは家庭の中では、それが暴力として認められないのか。その認識のズレは厳しく問われるべきである。人権尊重を指導するはずの教師が、また子どもを養育する愛情ある保護者が、なぜ子どもの人権を踏みにじる体罰を認めることができるのか、この論理の矛盾を見逃してはならない。

いったい、体罰にふさわしい「罪」とは何であろうか。「罰」というからには、それがふさわしいと考えられる「罪」があるはずである。それはどのようなものか。そして、その罪は誰が罪であると判定するのか。ここにはきわめて曖昧な要素がある。体罰に至るのは教師や保護者の命令を聞かないからか。では、大人の世界では、自分のいうことが受け入れられない場合に暴力をふるうのか。そんなことはあるまい。そもそも、常に理想的な形で子どもが考え行為することができれば、教育の意味はないのではないか。できないから、わからないから、教育を受ける権利が子どもにはあるのだから。

学校において教師が体罰に至った場合の事情は、子どもの問題行動をきっかけとして、「多くの場合、それらの問題行動に対する教師の指導に対して児童生徒が口ごたえするなど反抗的態度に出ることから、教師がつい感情に走って体罰を加えている」(「体罰をなくそう――人権侵犯事件からみた体罰」法務省人権擁護局、1985)というケースが多いようである。感情に走った行為を「指導」、「教育」と呼ぶことができるだろうか。また、「いじめ」を戒めるために「体罰」を加えたということがあるが、「しかし、「いじめ」は児童生徒の間に相手に対する思いやりやいたわりといった人権意識の立ち後れがみられる問題行動ですから、これに対して体罰という人権侵害で臨むことは極めて誤った指導といえるでしょう」(同上)ということ

を確認する必要がある。そして，子どもたちの問題行動ではなく，クラブ活動の成績などを理由としたり，「気に入らない」などという個人的な機嫌で加えられる体罰に至っては，暴力・暴行以外の何ものでもあるまい。

(2) 体罰から子どもは暴力による人間関係の結び方を学ぶ。

「体罰から，子どもは何を学ぶのか」ということを真剣・冷静に考えるべきである。子どもだけではなく大人のわれわれも同様であるが，体罰を受けた場合，人は何を考えるだろうか。誰でも痛い思いはしたくないし，心理的・精神的にもつぶされるような辛さを味わいたくはない。体罰が生み出すものは暴力への恐怖である。それは人間のみならず，動物にも共通の，生命を脅かすものへの反応である。

そうであれば，おそらく「体罰を受けるようなことは二度とするまい」と思うだろう。しかし，人間であれば間違いはある。そのときはどうするのだろうか。体罰を受けたくないとすれば，まずは行為を否定するだろう，「知らない，やっていない」と。これでは，子どもにウソをつくことを教えていることになるのではないか。また，体罰を受けるようなことをしたら，まずそれを隠そうとするのではないか，ごまかそうとするのではないか。もし体罰が子どもによかれと思うあまりのことであるとしても，現実にはまったく正反対の効果しか子どもには生じないとすれば，体罰の非教育性は明らかではないか。教育の名の下に体罰を語ってはならない。

さらに，教師や保護者が暴力を使うということは，子どもに無言のうちに，人間関係の処理の仕方において暴力の使用を教えているということである。言葉で相手を納得させるのではなく，暴力で黙らせて自分の意志を貫くことを人間関係の手段として伝授しているということである。当然のこととして，そういう環境では言葉の能

力は発達しない。抵抗できない子どもは，心に生ずる思いを言葉に載せて表現する仕方を訓練することができない。だが，人間であれば，さまざまな思いをもつのは当然である。それをどのような手段で他者に伝えることができるか。暴力という表現手段しかもたない子どもは，暴力で自分の思いを伝えることしかできないではないか。暴れる子どもに対して「暴力をやめなさい」と言うことは易しいが，暴力でしか表現できない子どもはどのようにして自分の思いを伝えたらよいのか。暴力ではなく言葉で自分の思いを的確に把握し，そして言葉で他者と交流することができないかぎり，暴力による人間関係の取り持ちはなくならないだろう。このことを押さえた指導をしなければ，いわゆる「手の早い子ども」，「すぐ暴力をふるう子ども」に暴力をやめさせることはできない。家庭にあっても学校にあっても，事情は共通である。

(3) **体罰は，暴力という力の論理である。**

〈教師対子ども〉，〈保護者対子ども〉は，子どもからすれば，最初から対等に向き合うことのできない関係である。逃れられない，反抗できない一方的な関係である。体罰はその力の論理が支配する関係において生じる。したがって，子どもが体力的に教師を凌ぐようになったとき，あるいは保護者を凌ぐようになったとき，体罰は不可能になる。大人がなぐろうとしても，それ以上になぐり返される関係になったとき，誰が体罰を加えようとするだろうか。中学校において，力の関係で体罰を加えることができなくなった生徒に対しては，もはやコントロールの手段が残されていない。高校進学を気にする生徒に対しては「内申書」で脅しをかけることはできるかもしれないが，高校進学も断念した生徒を縛るものは何であろうか。本来的には，学校や教師の人間の尊厳に基づく権威こそが生徒を教育の場に安定させるものであろうが，単なる暴力である体罰に権威

はない。体罰は教育ではなく，単なる支配・抑圧の手段にすぎないことを肝に銘ずるべきである。

このことに関連して，よく「なぐられたことのない者は，その痛みがわからない」ということがいわれる場合がある。そして，「痛みのわからない者が，他者をなぐるようになる」というものである。本当だろうか。体罰を受けた者が学ぶものは，すでに述べたように「恐怖」であり，体罰を加えた者に対する「怒り」，「怨念」，「敵意」である。体罰を加えた者は忘れていても，体罰を受けた者は忘れない。何十年たっても記憶しているものである。同窓会にも呼びたくない，あるいはその教師と会うのがいやで同窓会を欠席する者がいる。そこまで心を傷つけることが「教育」と呼べるだろうか。

体罰は暴力であり，暴力に対しては誰もが恐怖心を抱く。それゆえ，現象面としては，誰も当面は指示に従うであろうから，直接目に見えて効果があるように思えるであろう。しかし，本当に人間はなぐることで変わるのだろうか。もちろん，なぐる人の前では行動を変えるであろう。だが，それは納得してのものであろうか。そうは考えられない。その証拠に，体罰で子どもをコントロールするようになると，その程度は段々とエスカレートしていくことが指摘される。歯止めがないのである。体罰でないとコントロールできない学校とは何か。いったい，暴力が秩序の論理である集団とは何か。そのような場所が学校であることに対して，教育の専門家としての教師の論理とは何か。

体罰をもって「愛のムチ」とする言い方もある。だが，体罰を実際に経験した人であれば誰でも実感することであろうが，冷静に，教育的配慮の下になぐることなどできない。なぐるときは，間違いなく「感情的」になっている。「カッとなって」なぐるのである。それが体罰として問題にならない場合は，なぐる以前に双方にすでに緊密な関係が成立しており，そこに互いの状況に対する理解があ

るからである。だが，体罰を受けた子どもは，自分がなぜこのような仕打ちを受けなくてはならないのか理解できない状況で体罰を受けている（林　量俶「体罰と子どもの人権」参照）。

　もちろん，教師だけが体罰横行の責任を負うということにはならないだろう。社会状況もあり，保護者の体罰に対する無感覚的な容認は問われるべきであるし，子ども自身が体罰を誘うような問題行動をとることも無視することはできまい。しかし，そうした条件を考慮したとしても，暴力としての体罰を容認する理由にはならない。

第4節　奉仕(ボランティア)の精神について

　奉仕（ボランティア）等の体験活動が，『学習指導要領』や「指導要録」の改訂に伴って注目されるようになった。実際の体験活動については「特別活動」の時間で指導されることが多いが，その理念的な指導については「道徳科」の役割も大きいであろう。

　ところが，現実の指導の問題としては，活動そのものについてよりは，いったいこの「奉仕（ボランティア）」とはどういうことであるのか，考え方としてどのように整理したらよいのかよくわからない，ということがあるようである。そこで，この点について考察してみたい（本節は，拙稿「奉仕（ボランティア）の精神について」〔『道徳教育学論集』第8号〕に加筆したものである）。

　まず最初に，奉仕（ボランティア）ということは日本にも伝統的にその活動はあったといえようが，今日われわれがまず念頭に浮かべるのは，キリスト教的な起源をもつ西洋流の意味でのボランティア活動ではないだろうか。そこで，まず，この視点から考えてみる。

キリスト教の場合　奉仕（ボランティア）の精神を最も象徴的に表現しているのは，おそらく『新約聖書』における「黄金律」と呼ばれるイエスの言葉であろう。

あなたが人々にしてほしいと思うように,そのように人々にもしなさい。　　　　　　（「マタイ伝」7・12,「ルカ伝」6・31）

　簡単で明瞭な掟である。しかし,実際にこの言葉に従って行為しようとすると,ただちにわれわれはつまずく。例えば,この黄金律を実践しようとするとき,少なくとも次のような条件を考えることができる（重要度の順ではない）。

(1) 差別しない
　まず,イエスのいう「人々」とは誰のことをいうのであろうか。いうまでもなく,すべての人のことをいっていると考えなくてはならない。明らかに,イエスは平等を説いている。決して,単に自分の知人・友人・親戚・家族の者だけを愛せよといっているのではなく,あらゆる人々に対して平等に,差別なくふるまうことを要求している。
　一般に,われわれは自分に親しい人に対しては,おのずから親切にできる。やさしい笑顔をなげかけることができる。しかし,憎み合っている人に対してはどうか。顔を見るのもいやだ,というのではないだろうか。また,自分と外見的に違って見える人々に対しても,奇異の目を向けたり嫌ったりすることが多いのではないか。しかし,イエスはそうした差別をラディカルに否定する。

　　自分を愛する者を愛すればとて,どんな恵みがいただけよう。不信者でも自分を愛する者を愛するのだから。親切にしてくれる者に親切にしたからとて,どんな恵みがいただけよう。不信者でも同じことをするのだから。　　　　（「ルカ伝」6・32-33）

　周知のように,イエスは社会の最底辺で貧困や病気で苦しみ差別されていた人々に積極的に関わり,救済していった。その意味では,

単なる平等を説いたというよりは，その最底辺の人々こそが優位に立つべきであるといっているように考えられる。

(2) 主観的にならない

次に，「してほしいと思うように人にもしなさい」といわれる場合，その「してほしい」内容を主観的に自分勝手に解釈してはならないであろう。例えば，私が酒が大好きだからといって，隣の人に飲みたくもない酒を強要することは，「大きなお世話」どころか「迷惑」である。そして，こうした飲食や趣味などのように一見して明らかなことについては，人間はあまり判断を誤らない。

しかし，目に見えず触ることもできないことについては，われわれは主観的な判断を客観的だと思い込み，他者に強要していることが多いのではないか。例えば，ある教師が同僚を研究会に誘ったが，同僚がたまたま都合が悪くて１，２回ことわっているうちに，「せっかく誘っているのに，熱意のないことだ」などと言って，相手を悪者にしてしまう。こういう場合，最も厄介なことは，自分が「善いこと」をしていると思えば思うほど，自分は「善のかたまり」であるから，自分を拒否する者はすべて「悪・悪者」だと解釈されていく傾向が強いことである。

残念ながら，「ボランティア活動」と呼ばれることの中には，自分の立場ばかりを優先して，奉仕される側の立場や思いが無視される場合がある。老人ホームから，「もう来ないでいただきたい」と，慰問を拒否されたグループがあるという。そのグループは，慰問をいわば自分たちの歌や踊りの発表会のように考えて，相手のためにというよりは単に自分たちのために，慰問と称して自分たちの都合で日程を決めて押しかける。そして歌って踊ったあとで，「拍手が少ない」などと不平を言ったりしたという。

誤解をおそれて付言するが，ここで積極的に他者に働きかけるこ

とを否定しているのでは決してない。自分が善いと思うことを他者に勧めていくことは，重要である。ただ，それが他者にどのように受けとめられるかということを考える余裕がほしいのである。

(3) 見返りを求めない（無償の行為）

第三に，「人にもしなさい」といわれる場合，そこに「見返りを求める心」があってはならない。すなわち，「無償の行為」でなくてはならない。

しかし，残念なことに，ボランティア活動と名づけられたものにおいてすら，「別にお礼を言ってほしいと思ってやっているわけではないが，「ありがとう」の一言ぐらいあってもいいのではないか」という思いがよぎることがあるのではないか。

このように，奉仕する側に返礼を期待する心があれば，される側の心の負担は大きい。「ありがたい。申しわけない」という思いを常にもたなければならないとすれば，（結果としてそのように思うことはあるにしても），奉仕などされたくないと考えても無理はない。それでは，奉仕が成立しない。奉仕する側もされる側も，それが当然のこととして受容できる状況こそが必要である。

(4) 優位の感情をもたない

第四に，「人にもしなさい」という場合，行為をする側に「してやる」という，相手に対する優位の感情があってはならない。

「してやる」という心理的な優位・優越の感情は，いわば上位の者が下位の者にかける憐憫の情である。これは，対等な人間関係にあっては，受ける側の心の負担になる。それは人間としてのプライド，すなわち「人間の尊厳」を傷つけることである。乳・幼児期の親子関係の場合ならともかく，対等な人間同士が共同社会において「共に生きる」ことを目指す，すなわち福祉社会を実現するために

は，奉仕する側が奉仕される側に対して一方的に優位の感情をもってはならない。

　この場合でも，やはり奉仕は，する側にとってもされる側にとっても，それが当然のこととして双方に受容されることが重要であり，それは，「奉仕」ということの意味を人々が広く知り実践することによって可能になってくることであろう。

(5) 自発的・主体的行為であること

　第五に，奉仕活動は「自発的であること・主体的であること」が要求される。だからこそ，奉仕活動というと，一般には「ボランティア」という言葉の語源に含まれている「自発性」という意味を強調して「ボランティア活動」という呼び方もされ，「させられる活動はボランティアではない」などといわれるのである。しかし，誰も最初から知的に体験的にわかっているわけではないのだから，「学習」は必要である。それがやがて自発的なものになっていくことが重要であろう。

　ここで考えたいことは，自発性・主体性のない行為は充実感も満足感も与えないということである。他律的にさせられたことについては，他律の段階にある子どもにとってはその結果を称賛してくれるという結果に対する喜びはあるが，自律的人間にとっては強制そのものであり，そこには満足感はなく，ただ疲労感だけが残ることになるのではないか。

(6) 継続的であること

　第六に，奉仕活動は継続的でありたい。奉仕する側の一方的な都合での活動は，奉仕を受ける側からするとかえって迷惑になることもありうる。もちろん，奉仕活動の内容によっては，そうした活動でも差し支えないこともありうるが，小さなことであっても，継続

的に行うことが大切である。「継続は力」である。

　このことを可能にするためには、やはり奉仕活動のもつ意味を知的にも経験的にも体得することが必要であろう。人間の意志はとかく崩れやすく、ともすれば挫けそうになる自分を励まして行為を継続するためには、遠い目標すなわち奉仕の理念を見極め、近い目標すなわち時々の行為のもつ意味を確認することが必要である。そして、継続することの中で獲得される自己自身の充実感は、次の行為への力になるのである。

　仏教の場合　　仏教ではどうであろうか。仏教でも、奉仕の精神は積極的に説かれている。それが「菩薩道」といわれるものである。本来、仏教の根本精神として、「慈悲」すなわち意味としては「抜苦与楽」ということがいわれるが、これは意味的にキリスト教でいう「愛」に対応するものであろう。そして、慈悲をそなえた仏になるために修行しているのが「菩薩」であり、その菩薩の修行を称して「菩薩道」という。

　その菩薩道とは、具体的にはいわゆる「六波羅蜜」すなわち「布施」、「持戒」、「忍辱」、「精進」、「禅定」、「智慧」の実践である。この中の「布施波羅蜜」が、われわれいうところの「奉仕の精神」を表明していると考えられる。すなわち、布施には次の三つのものがある。

(1) 財　施（お金や物を与えること）
(2) 法　施（真理やためになることを教える）
(3) 無畏施（恐れや不安を除き、安らぎを与えること）

　こうした修行を通して、菩薩は一方で仏になるための訓練をしていると同時に、他方で菩薩は、すでに仏の前段階としてのすぐれた力をそなえているので、人々を導き救うといわれる。すなわち、自分のために修行し（自利）、同時に他者のために働く（利他）、自利

利他の働きをするとされる。

　ここで，菩薩の修行は，自分が救われるために修行しているのであるから「利己主義」ではないかと思われるかもしれない。しかし，菩薩の修行はすでにそれ自身が自利利他の働きであり，すなわち往相（仏になる）と還相（衆生を救う）の両方を含むものであるから，単純に利己主義ということはできない。そしてさらに，修行は悟りという目的のための単なる手段ではなく，その修行がそもそも悟りであるとされる。菩薩道はそのままで修行であり悟りである。

　また，仏教の立場からすると，一切万物は縁起の理法によって成立しており，本来的に実体と呼べるものは存在しない，その意味で空である。そうした世界で成立する布施であるから，施者・受者・施物の三つがそれぞれ本来的に空であり清浄であり，〈与えて当然・受けて当然〉ということが本来的な布施のあり方であるということである。

　このように，仏教でも奉仕の精神は菩薩道として実現されているといえよう。実際，歴史的にも，こうした精神を生かした活動をした仏教僧侶や信者たちの存在がある。

「本当に見返りはないのか？」　奉仕活動は無償の行為でなくてはならない。しかし，本当に見返りはないのだろうか。また，見返りを求めることは許されないのであろうか。そうだとすれば，日常的には〈ギブ・アンド・テイク〉の世界に生きている普通の人間にとって，奉仕とはずいぶん困難なことになるであろう。

　だが実際には，奉仕活動には見返りがある。もちろん，いわゆる経済的な報酬という意味での見返りではない。では，何か。二つの考え方が可能であろう。「宗教的見返り」と「人間的見返り」である。両者は，それぞれ独自に成立するものであり，また同時に成立するものでもあると考える。

宗教的見返り　諸外国，特にキリスト教文化圏では，奉仕（ボランティア）活動が非常に盛んであるといわれる。実際，そのとおりであろう。では，いったい，人々はなぜボランティア活動に熱心なのか。このことを考えていくためのヒントは，キリスト教の精神にあると思われる。

聖書において，イエスは人間が守るべき律法を次のように述べる。「心をつくし，精神をつくし，思いをつくして，主なるあなたの神を愛せよ」——これは人間と神との関係を規定したものである。そして，人間同士の関係については次のように規定される。「自分を愛するように，あなたの隣人を愛せよ」（「マタイ伝」22・35-40）。この人間同士の隣人愛をいいかえたものが，先述の「黄金律」であろう。

人はなぜ黄金律を実践しようとするのか。それは，上のことからわかるように，黄金律を守ることが「救済」に関わることだからである。

一般にキリスト教の立場では予定説がとられ，人間には天国行きと地獄行きの二つの道があり，それはすでに決定されているが，当の人間には自分がどちら側の人間であるかはわからないとされる。だが，これは深刻な問題である。自分が地獄行きだとしたら大変である。そこで，自分が地獄行きではなく天国行きの人間であることを証明してくれるものをなんとかして手に入れたいと思うのが人情である。

ここで，他者に対して善行ができるということの意味が重い比重をもつ。すなわち，イエスの説いた掟には「自分にしてほしいように，他者にもせよ」とある。してみると，他者に善行ができることは，自分が掟をきちんと守れる人間であることを実証していることになるだろう。まさしく自分が天国行きの人間であるからこそ善行ができるのであって，とても地獄行きの人間にはできない。ボラン

ティア活動ができるということは、それこそが自分の救いの証明と考えられるのである。

奉仕活動は積善回向ではない　ここで、誤解しやすいことがある。すなわち、「他者に善いことをして、つまり善を積み重ねることによって、自分が救われるのだ」という考え方に陥りやすいのであるが、それは間違いだということである。つまり、このように、「善いことをして、救われる」という考え方は、「善いことをする」という条件を満たすことで、その結果として「救われる」と考えるのであるが、これは端的な〈ギブ・アンド・テイク〉の図式になっている。これでは、神様と取り引きをしていることになる。「私はこれだけのことをしましたから、よろしくお願いします」というわけである。評論家ひろさちやの言い方を借りると、これでは神様を缶コーヒーの自動販売機にすることになる。「百円玉を入れた人には缶コーヒーを出しますよ」という図式である（ひろさちや「仏教とキリスト教」、『日本「宗教」総覧』〔歴史読本特別増刊〕、新人物往来社、1991、322頁）。

善行を積むことによって、その功徳で天国に行けると考えるのは、行為と救いとの関係を〈ギブ・アンド・テイク〉と考えることであるが、そこには、被造者としての人間が、自分で自分の救いを決定するという「思い上がり」がある。それは神を冒瀆することである。

したがって、決してボランティア活動をした結果で救われようというのではない。それでは順序が逆である。救われるからこそボランティア活動ができるのである。だからこそ、ボランティア活動は「暇ができたらする」ような余分なものではなく、「暇を作ってする」ものなのである。そして、そのことが同時に、人間世界のレベルにおいては、「親切にできてうれしい」という、生きている充実感になるのである。

仏教の場合でも同様な構造がある。日本仏教の一つの最もラディ

カルな形が親鸞 (1173-1262) の信仰であろう。親鸞は，人間が阿弥陀如来への信仰をもち念仏できるということは，自分の力によるものではなく，「仏よりたまはりたる信心」であるという。すなわち，自分が称(とな)えている念仏ではあるけれども，それは如来によって「称えさせられている念仏」である。それを「自分が」と思うことは人間の思い上がりであるという。

例えば，「弥陀の誓願不思議にたすけられまいらせて，往生をばとぐるなりと信じて，念仏まうさんとおもひたつこゝろのおこるとき，すなはち，摂取不捨の利益にあづけしめたまふなり」(『歎異抄』一)とあるのは，そのことの表明であろう。また，『教行信証(顕浄土真実教行証文類)』で，『無量寿経』における法蔵菩薩の第十八願を解釈して，普通は「至心に信楽(しんぎょう)すれば」と読むはずの漢文を「至心に信楽せしめたまへり」と受動態の読み方をしている。これもまた，人間を主体にして考え信仰するのではなく，如来によって自分が支えられて信仰し念仏させられていることを強調したものと考えられる。

こうした信仰の構造によって，他者関係も同様に考えられる。奉仕も「自分がしている」のではあるが，根本の構造からすれば「仏によってさせられている」，「させていただいている」のである。それゆえ，奉仕することは自分に仏の力が及んでいることを確認することであり，信仰に生きる者にとってはありがたいことである。だからこそ，「私に奉仕させていただいて，ありがとうございます」と奉仕した相手に合掌できるのである。

人間的見返り　宗教的背景のないところでは，奉仕(ボランティア)活動を推進しようとする試みは無駄なことなのであろうか。私はそうは思わない。もちろん，宗教的背景があれば，説明は容易であるし，教育もやりやすいことは確かである。

しかし，むしろ宗教的背景なくして他者のために尽くすことがで

きるのは、すぐれたことである。さまざまな人間が共存していくためには、まさに奉仕の精神こそが重要なのではないだろうか。それを、人間を超越した存在を前提にすることなくして人間世界のレベルで達成しようとすることは、宗教の名の下に行われる戦争の絶えない人間世界にあっては偉大な挑戦である。そして、それは決して神や仏を否定することではない。

同じ社会に生きる人間として、互いに奉仕の心をもって共に生きていくこと、そのような人間こそが人間の理想の姿として理解され、そのような生活に生の充実感をもつことを目指すべきではないか。

そうした奉仕活動に与えられる報酬とは何か。それは、この世に生きる人間が単独に孤立したものではなく、実は互いに関わり合い支え合っているという事実に気づき、そしてその人間関係のネットワークをより強固にしていくことで、生きているということの喜びを確認できることではないだろうか。「生きていてよかった」という体験は、何にもまして人間の根源的な喜びであり、これほどの報酬はないのではないか。

実際、われわれはどのようなことに、あるいはどのようなときに、心の底からの喜びを感じるのであろうか。それは、人間と人間との通じ合いができたときではないだろうか。そしてそれは、実際に自分が心と身体を提供して人間関係のネットワークの中に入っていき、自分もまたそのネットワークの一つの網になることでしか達成できないものである。

金子郁容によると、ボランティアの報酬とは次のようなものであるという。

> その人がそれを自分にとって「価値がある」と思い、しかも、それを自分一人で得たのではなく、誰か他の人の力によって与えられたものだと感じるとき、その「与えられた価値あるも

の」がボランティアの「報酬」である。

　ボランティアはこの広い意味での「報酬」を期待して、つまり、その人それぞれにとって、自分が価値ありと思えるものを誰かから与えられることを期待して、行動するのである。その意味で、ボランティアは、新しい価値を発見し、それを授けてもらう人なのだ。　　　　（金子郁容『ボランティア』、150-151頁）

さて、このように考えてくると、ボランティアとはなんと困難なことであろうか、聖人でもないかぎり、とてもこんなことはできない、と思う人も多いのではなかろうか。だが、そうではないだろう。ボランティア活動は、思い立ったときに思い立ったことを特別のこととしてではなく当たり前のこととして行うときに成立するものである。そして、その活動からは、たとえいろいろな苦しみがあったとしても、それを上回る人間としての生命の根源からの喜びが得られると思う。ほんの小さなことから始めてよく、それが唯一の出発点である。

学校教育における課題　では、学校教育においては、奉仕をどのようにとらえていくべきであろうか。奉仕の条件についてはすでに述べた。それゆえ、必要なことは子どもの道徳性を高めることであると思う。これまで述べてきたように、奉仕の意味がわかりボランティア活動に実際に関わることができるということは、すぐれて自律的な道徳性をもつことによって可能となる。

　さらに、その方法を具体化すれば、「できるだけ多くの出会いを重ねること」が最も大切な、しかも手っ取り早い方法だと思う。この「出会い」はさまざまな内容を含んでいる。人間との出会いはもちろんのこと、書物との出会い、学校での授業との出会い、テレビ・映画との出会い、さまざまな体験を重ねること、すべてが自分

にとっての利己心や主観性を排除するのに役立つ。バランスのとれた出会いを重ねていくことの中で、バランスのとれた考え方が形成される。そうした意味で、教育において、この出会いの機会を保証していくことは非常に重要なことである。

その場合、知的な理解は、行為がそのものとして定着するために必要である。内面に知的理解のない行為は偶然的で、その場限りのものである。「そうすべきである」と考えたうえでの行為が大切なのである。

同時に、知的理解は具体的な体験によって裏づけられる必要がある。額に汗し、さまざまな思いをもちながら、ともすれば挫けそうになる自分の心を自ら激励してやり遂げたあとの充実感・満足感は、実際に体験することを通してしか獲得できないものである。そして、その充実感・満足感は、必ず次の行為のエネルギーとして蓄えられるのである。そうすることによって、行為は身についたものになると考えられる。

学校教育における奉仕（ボランティア）体験の学習は、まさしく「学習」である。奉仕（ボランティア）体験学習の課題は、「奉仕（ボランティア）活動」を実践することそのものではなく（もちろん、それも含むが）、「奉仕（ボランティア）活動とは何か」を「知的・体験的に学習すること」であろう。このように、人間としての生き方に直接関わる問題についての体験は、何かのチャンスがないと、自分で積極的にはなかなかできない。それを教育の場で保証していくことが、教育の目的・使命として重要である。

したがって、例えば各種の福祉施設の訪問も、「学習」なのであるから、知的・体験的にさまざまなことを学ぶ教育活動である。それゆえ、基本的に相手方には協力をお願いすることになるのである。「次代を担う子どもたちのために、出会わせていただきたい」ということである。

そして，子どもたちが生き生きと活動に取り組むことができるためには，教師自身がいわばよい意味での好奇心をもって体験を重ねていくことが必要であろう。自分が気づかなければ，子どもたちを見抜けないと思う。

　現代日本は，「抽象化された時代」にあると私は考えている。すなわち，プロセスを省略し，結果のみを簡単に手に入れることに価値を見いだしている価値観が支配しつつある時代である。そうした中で，短縮化・省略化されてはならない「人間性」までもが短縮化・省略化の対象になっていないか，不安に思う。そうした状況にあって，プロセスそのものである具体的な体験を重視する教育の営みの重要性は，どれほど強調してもしすぎることはないと思う。

[参考文献]

　アリストテレス『ニコマコス倫理学』上・下，高田三郎訳，岩波文庫，1971・73年。

　池上正道『体罰・対教師暴力——体験的非暴力教師宣言』，民衆社，1983年。

　今橋盛勝＋NHK取材班『体罰』，日本放送出版協会，1986年。

　今道友信『愛について』，講談社現代新書，1972年。

　岩佐信道「連載・コールバーグの道徳性発達理論と道徳教育」，『道徳教育』1993年4月号～1994年9月号，明治図書出版。

　金子郁容『ボランティア——もうひとつの情報社会』，岩波新書，1992年。

　I. カント『実践理性批判』，波多野精一・宮本和吉・篠田英雄訳，岩波文庫，1979年。

　『体罰・いじめ』，『季刊教育法』1986年9月臨時増刊号，エイデル研究所。

　日本弁護士連合会編『子どもの人権救済の手引』，日本弁護士連合会，1987年。

　林　量俶「体罰と子どもの人権」，『ジュリスト増刊総合特集　子どもの人権』No. 43，有斐閣，1986年。

　藤永芳純「奉仕（ボランティア）の精神について」，『道徳教育学論集』第8号，大阪教育大学道徳教育教室，1994年。

N.J.ブル『子供の発達段階と道徳教育』，森岡卓也訳，明治図書出版，1977年。
村井　実『道徳教育の論理』，東洋館出版社，1981年。
森岡卓也『子どもの道徳性と資料研究』，明治図書出版，1988年。
文部科学省『小学校学習指導要領解説　特別の教科　道徳編』，2015年。

（藤永芳純）

あ と が き

　われわれ4名は平成9(1997)年に『道徳教育を学ぶ人のために』を出版したが，幸い教育関係者や教職に就こうとする人々をはじめ多くの方々に好意的に受け入れられ，すでに三度，版を改めることができた。

　今回，「道徳の時間」に代えて「特別の教科　道徳」が教育課程に位置づけられたのを機に四訂版を用意することにした。必要最小限の手直しは実現できたと思っている。執筆者の多忙な中での協力と出版社の厚意的な扱いに感謝している。

　特に，今回の道徳教育の改善の議論や動きはいじめ問題への対応が発端であり，「児童生徒がこうした現実の困難な問題に主体的に対処することのできる実効性ある力を育成」することが重要で，「道徳教育を通じて，個人が直面する様々な事象の中で，状況を深く見つめ，自分はどうすべきか，自分に何ができるかを判断し，そのことを実行する手立てを考え，取り組めるようにしていくなどの改善が必要と考えられる」（中央教育審議会答申　平成26年10月）と述べられているように，いじめ問題などの困難な問題を実際に解決できる資質，能力の育成の重要性がいわれている。実践的な道徳性の育成である。学校での道徳教育を強化しさえすればそのすべてが改善されるというわけではないが，学校における道徳教育に対する期待はますます高まっているという認識をわれわれはもっている。

　また，初版では現代社会の急激な変化を指摘し，そのような社会の変化に主体的に対応できる資質を育成することが急務であり，そ

のために道徳教育が以前にも増して重要であることを指摘して，次のように述べておいた。「道徳教育にあっては，新しい未知の社会状況においても，お互いの人間性と個性を尊重し，同時に社会の維持と発展に寄与・貢献できる道徳的実践力を，一人ひとりの内面に育てていかなければならない。主体的に自らの生活を切り開いていく「生きる力」の育成である」と。この指摘は平成18(2006)年12月に改正された「教育基本法」の理念とも合致するもので，現在も有効であろう。

さらに，道徳教育にとっては，社会の変化に対応できる道徳性を育成するだけでなく，いつの時代にも変わらない不易の価値を一人ひとりの内面に定着させることも重要な使命である。

このように考えるなら，学校においては，これまでも続けてきた，基本的な道徳的価値を児童・生徒一人ひとりの内面に定着させる働きかけとともに，新しい社会状況の中で適切な道徳的判断をして，道徳的実践ができるようにすることが，大きな課題となるであろう。前者が共通性の高い道徳教育だとすると，後者では各自の独創性をのばすことも必要となろう。基礎・基本は誰に対してもしっかりと指導し，そのうえで，一人ひとりが個性的な生き方を豊かに切り開いていける力をつける道徳教育である。四訂版を出すにあたっては，これらの点を配慮しながら作業を進めた。

いろいろな制約のため，十分満足できる修正になっているとはいえないが，これまで同様に広く活用されることを願っている。特に，教員養成の教育課程や道徳教育の全校的な研修の機会，学校と家庭・地域との連携に関する話し合い，相互研修の際などに活用され，道徳教育が一層充実していくことを願ってやまない。

2016(平成28)年4月

小寺正一

= 人名・書名索引 =

〈ア 行〉

アリストテレス　217-20, 225
　『ニコマコス倫理学』　217
イエス　236-7, 243
伊藤啓一　133
井上哲次郎　37
　『勅語衍義』　37
ウィン, E. A.　111-2
上杉賢士　133
『易経』　1
押谷由夫　128-9
小原国芳　40

〈カ 行〉

『解説書　道徳科編』　75, 80, 189, 225
『解説書　道徳編』　83
『学習指導要領』　46-7, 50, 52, 55-6, 59
　-60, 62, 66-7, 70-1, 73, 106, 132, 137,
　142, 144, 147, 152, 157-8, 163, 173,
　175-6, 180, 187-90, 197, 214, 236
加藤弘之　35
　『徳育方法案』　35
金子郁容　246
カント, I.　83, 218-9
　『実践理性批判』　218
木下竹次　41
清瀬一郎　48
ギリガン, C.　99
　『もうひとつの声』　99
『国体の本義』　42
『心のノート』　69-71, 212

『古事記』　78
コールバーグ, L.　84, 95, 98-9, 110,
　118-23, 136, 138, 226

〈サ 行〉

サイモン, S. B.　110
佐野常民　31-2
「指導要録」　215, 236
『小学校指導書　道徳編』　57, 207
『小学修身書』　33
『初等科修身』　43
『尋常小学修身書』　41
『臣民の道』　42
『新約聖書』　236
親鸞　245
　『教行信証』　245
　『歎異抄』　245
杉浦重剛　35
　『日本教育原論』　35
『生徒指導資料　第二集』　231
ソクラテス　10, 111

〈タ 行〉

高岡浩二　133
『中学校指導書　道徳編』　57
デューイ, J.　119
デュルケム, E.　122
『道徳指導書』　50, 52, 60

〈ナ 行〉

灘尾弘吉　48
西村茂樹　33, 35

『小学修身訓』 33
『日本道徳論』 35

〈ハ 行〉

パスカル, B. 78
 『パンセ』 78
ハーミン, M. 110
ピアジェ, J. 84, 89-90, 92-3, 95, 106-7, 119
 『児童の道徳的判断』(『児童道徳判断の発達』) 89
ひろさちや 244
福沢諭吉 35
 『徳育如何』 35
 『徳育余論』 35
プラトン 111-2
 『国家』 112
ブル, N. J. 84, 100-2, 104-7, 227
 『子供の発達段階と道徳教育』 102, 227
フロイト, S. 84-8, 105
 『自我とエス』 85-6, 88
 『精神分析入門(続)』 85, 87
 『文化への不満』 88
フロム, E. 88-9
『人間における自由』 88
ベネット, W. J. 110

〈マ 行〉

マクドゥーガル, W. 100
松永 東 48
村井 実 222
『無量寿経』 245
『孟子』 79
元田永孚 31, 35
森 有礼 34
森岡卓也 84, 224

〈ヤ 行〉

『ヨイコドモ』 43
『幼学綱要』 33

〈ラ 行〉

ラス, L. E. 110, 115-6, 138
リコーナ, T. 123, 125, 135

〈ワ 行〉

『私たちの道徳』 69-70, 212
ワトソン, M. 124

= 事項索引 =

〈ア 行〉

新しい学力観　14, 128, 131, 133
アノミー　79, 100-1
生きる力　13, 61-2, 67, 163
インカルケーション　109-10, 112, 114-5, 119, 122, 126-7, 133, 135, 138-9
インドクトリネーション　115, 121-2, 125, 138
エディプス・コンプレックス　88
黄金律　97, 123, 236-7, 243

〈カ 行〉

学習指導案　52, 174, 185, 191-2, 194, 197
学習指導過程　52, 121, 126, 129, 178-9, 190-1, 194, 197, 215
学制　29-32, 44
家族主義国家観　39-40
価値観の形成・確立　8-11
価値のシート　117
価値の明確化　109-10, 114-6, 118-9, 121, 123, 133, 135, 138-9
学校教育法　45, 64-6, 73, 147, 158, 228-30
学校令　34
環境倫理　14, 16-7
教育課程審議会　47-8, 53-4, 56-8, 61-2
教育基本法　23, 45, 64-7, 147, 158
教育勅語　36-7, 39-41, 45
教育令　30-2, 228

教学聖旨　30-1
向社会的発達　124
公民科　3, 45
国際化　19-21, 58, 60, 63, 127, 152, 177, 184
国定修身教科書　38-43
国民科　42-3, 45
国民学校令　42
個性　9-10, 40, 50-1, 56, 58, 61-2, 68, 75, 133-5, 146-7, 150-1, 153, 162, 164
子ども発達プロジェクト(CDP)　124-6, 135

〈サ 行〉

裁判官的機能　222-3
三位一体的構造　224-5
自我理想　87-8, 105-6
自己の生き方　67, 70, 74, 147-8, 163-4, 176-8, 185, 225
視聴覚教材　198, 206, 211
しつけ　6, 22, 56, 88, 227
実践的三段論法　220-1
社会科　45-7, 160-1, 182
社会性　7, 12, 15, 60, 62, 65, 77-80, 104, 163, 180
社会適応　77, 80
社会の成熟化　18-9, 58
社会律　101, 103-4, 106
ジャスト・コミュニティ・スクール　122
自由　2, 18, 91, 97, 102, 104, 115, 118, 129, 151, 153-4, 188, 199-200, 202,

217-20
修身科　29-35, 37-8, 41, 44-6, 55
終末　52, 113, 129, 194, 196-7, 199, 202, 208, 210, 212, 214
主体性　20, 60, 109, 115, 122, 126-7, 133, 135, 148, 152, 180, 189, 240
主体的自覚　8, 10, 62, 174, 188, 196, 209, 214, 216
生涯学習　14-5, 58
自律　2, 7, 15, 40-1, 56, 64, 80, 83-4, 91-5, 102, 104-6, 153, 188, 240, 247
正義　46, 63-4, 75, 78, 93-4, 96-7, 99, 144, 154, 163
生命倫理　14, 16-7
責任　46, 56, 64, 92-3, 101-3, 112, 123, 125, 152-3, 188-9, 192, 219, 227
説話　30, 54, 197-9, 202-4
潜在的カリキュラム　26-7
染色の比喩　111
選択　5, 8, 14-5, 57, 102, 115-6, 137, 175, 177, 182-3, 204, 207, 217-20, 222-6
総合単元的な道徳学習　59, 109, 128-32
総合的な学習の時間　23-5, 61-3, 142, 155, 157-60, 163, 173, 187, 190
相互性　93-4, 96-7, 104, 106
尊敬　89, 91, 93, 95, 97, 123, 125, 153, 183

〈タ 行〉

大正自由教育運動　40-1
体罰　227-36
他律　79-80, 83, 91-2, 95, 101-6, 240
懲戒　228-31
超自我　85-8, 105-6
定言命法　97
展開　22, 26, 52, 59, 61-2, 68, 113, 127, 129, 131-3, 139, 142, 164, 174, 178-9, 182, 185, 190, 194-9, 202, 204, 206-7, 209, 212, 214-6
統合的プログラム　135, 137
道徳教育
　全面主義——　45-8, 54
　統合的——　109, 133-4, 136
道徳教材　210-2
「道徳」実施要綱　49-50
道徳性
　——の発達　5, 80, 82-4, 89, 96, 99-101, 104, 106-7, 110, 119-21, 123, 126, 136, 186, 210, 223
　外的——（慣習的——）　77, 79-80
　内的——（原理的——）　79-80
道徳的価値の自覚　67, 137
道徳的実践(力)　13-4, 18, 24, 47, 49, 57, 124, 163-4, 176, 179, 187, 220, 222, 225-6, 228
道徳的実践意欲と態度　25, 51, 74, 80-1, 148, 157, 175-6, 214, 225
道徳的心情　25, 49, 51, 55, 74, 80-1, 106, 136, 139, 148, 157, 164, 175-6, 207, 214, 225
道徳的な年季奉公　102
道徳的判断力　14-5, 18, 25, 47, 49, 51, 55, 74, 80-1, 98, 106, 148, 157, 163, 175-6, 214, 225
道徳の時間　48-55, 57, 59-60, 62-3, 66-74, 127-32, 137, 143, 198, 212
道徳法則　84, 218-9
導入　52, 129, 194-5, 199, 202, 212
特別の教科　道徳(道徳科)　3, 11, 13, 23, 25, 72-5, 109, 137, 142-4, 155-60, 173-6, 178-85, 187-92, 194-5, 197-9, 203-4, 206-15, 224, 226, 236

〈ナ 行〉

内面化　5, 8-9, 22, 52, 55, 57, 62, 87-9, 105, 110, 112, 124, 127, 134, 164, 214

人間としての生き方　8, 57, 68, 74, 127, 147, 163, 176-7, 248

認知発達(理論)　83-4, 95, 106, 109-10, 119, 121-2, 124-6, 136

年間指導計画　60, 142, 174, 185-7, 189, 191-2, 213

〈ハ 行〉

発問　118, 120-1, 126, 191-2, 195, 200, 205, 208-10, 216

話し合い活動　199-202, 204

板書　210

反省　47, 144, 147, 149, 154, 160-1, 165, 178-9, 197

ピグマリオン効果　146

評価　73, 116, 124, 137, 146, 151, 156-7, 161, 181, 213-6, 219, 226

品性教育運動　112

プロセス　114-5, 129, 131, 179, 249

奉仕(ボランティア)　56, 66, 69, 236, 238-48

菩薩道　241-2

補充・深化・統合　25, 49, 52, 128, 159, 164, 174

〈マ 行〉

マーブル・ゲーム　90, 92-3

民主主義　46, 124

明確化の応答　116

モラル・ディスカッション　119-23, 133, 136, 138-9

モラル・ディレンマ　120

〈ヤ 行〉

役割演技　198, 207-8

豊かな心　13, 58, 60, 65, 67, 147, 150

読み物教材(資料)　53-5, 71, 73, 132, 197-8, 204-6, 211-2

〈ラ 行〉

良心　4, 79, 85-9, 97, 105-6

臨時教育審議会　57

執筆者紹介
（執筆順）

小寺正一（こてら・まさかず）
　1944年生まれ。大阪教育大学大学院修士課程修了。現在，関西外国語大学名誉教授，京都教育大学名誉教授，京都市教育委員会・京都教師塾名誉塾長。［著書］『現代道徳教育論』（大阪書籍，1991）［編著］『京都発しなやかな道徳教育』（共編，創元社，2005），『小学校学習指導要領の解説と展開・道徳編』（教育出版，2008）

藤永芳純（ふじなが・ほうじゅん）
　1950年生まれ。広島大学大学院博士課程単位取得退学。現在，大阪教育大学名誉教授。［編著］『高校生の心の教育』（共編，日本図書センター，1999）［論文］「生命を尊重する根拠」（『生命倫理』3巻1号，日本生命倫理学会，1993），「道徳教育の多義性」（越智編『岩波 応用倫理学講義6　教育』，岩波書店，2005）

伊藤啓一（いとう・けいいち）
　1949年生まれ。オレゴン州立大学大学院博士課程修了（Ph. D.）。現在，金沢工業大学名誉教授。［著書］『統合的道徳教育の創造——現代アメリカの道徳教育に学ぶ』（編著，明治図書出版，1991），『統合的ショート・プログラムの展開』（共著，同，2002），『道徳授業の新しいアプローチ10』（共著，同，2005）［論文］「「道徳原則」と「例外」」（『道徳と教育』329号，日本道徳教育学会，2011）

西村日出男（にしむら・ひでお）
　1947年生まれ。関西学院大学大学院博士課程単位取得退学。元帝塚山大学教授。［著書］『平成20年改訂 小学校教育課程講座 道徳』（共著，ぎょうせい，2009）［論文］「家庭における道徳教育」，「地域社会における道徳教育」（藤永編『道徳教育の理論』，東信堂，1988），「主題構成」（森岡編『集団や社会とのかかわりに関する内容の指導』，文渓堂，1989），「道徳教育における郷土愛の指導——「ここ・こなた」の知悉，接近，融合」（『道徳教育学論集』16号，大阪教育大学，2012）

四訂 道徳教育を学ぶ人のために

2016年9月20日	第1刷発行	定価はカバーに
2025年1月10日	第4刷発行	表示しています

編　者　　小　寺　正　一
　　　　　藤　永　芳　純

発行者　　上　原　寿　明

世界思想社

京都市左京区岩倉南桑原町56　〒606-0031
電話　075(721)6500
振替　01000-6-2908
http://sekaishisosha.jp/

© 2016　M. KOTERA, H. FUJINAGA　Printed in Japan
落丁・乱丁本はお取替えいたします　　　（印刷 中央精版印刷）

JCOPY　<（社）出版者著作権管理機構　委託出版物>

本書の無断複写は著作権法上での例外を除き禁じられています。複写される場合は，そのつど事前に，（社）出版者著作権管理機構（電話 03-5244-5088，FAX 03-5244-5089, e-mail: info@jcopy.or.jp）の許諾を得てください。

ISBN978-4-7907-1688-4